讀品文化

停止抱怨吧！生活其實很美好！

50 Thin
You Never Learned from Tex

課本根本沒有寫的50件

沒有問題的地方只有**墳墓**。只要活著，就會遭遇到問題！

假如你有天賦，勤奮會使它變得更有價值；
假如你沒有天賦，勤奮可以彌補它的不足。——喬．雷諾茲

何亦宣／編著

人生奮鬥有日期嗎？**沒有**。我們生活一天，就得奮鬥

永續圖書線上購物網
讀品文化事業有限公司

WWW.foreverbooks.com.tw
yungjiuh@ms45.hinet.net

思想系列 34

課本根本沒有寫的50件事

編　　著　何亦宣
出 版 者　讀品文化事業有限公司
執行編輯　廖美秀
美術編輯　林于婷

社　　址　22103　新北市汐止區大同路三段 194 號 9 樓之 1
TEL／(02)86473663
FAX／(02)86473660
總 經 銷　永續圖書有限公司
劃撥帳號　18669219
地　　址　22103　新北市汐止區大同路三段 194 號 9 樓之 1
TEL／(02)86473663
FAX／(02)86473660
出 版 日　2012年06月

法律顧問　方圓法律事務所　涂成樞律師
CVS代理　美璟文化有限公司
TEL／(02)27239968
FAX／(02)27239668

國家圖書館出版品預行編目資料

課本根本沒有寫的50件事 / 何亦宣編著.
-- 初版. -- 新北市 : 讀品文化, 民101.06
面 ;　公分. -- (思想系列 ; 34)
ISBN 978-986-6070-40-2(平裝)
1.成功法 2.生活指導

177.2　　101006757

思考可以隨心所欲，表達則必須謹慎小心

據我所知，成功者和失敗者有一個顯著的區別，
就是前者思考得多、表達得少，而後者則恰恰相反。

——傑克・韋爾奇

沒有做不完的事，只有你遲遲不去做的事

假如你有天賦，勤奮會使它變得更有價值；
假如你沒有天賦，勤奮可以彌補它的不足。

——喬・雷諾茲

如果停步不前，等於拱手認輸

當哥倫布發現美洲的時候，他知道他航向何處嗎？
他的目標只是前進，一直向前進。

——紀德

沒有問題的時候，往往隱藏著巨大的問題

在戰爭中，重大事件常常就是小事所造成的後果。

——凱撒大帝

停止抱怨吧，生活其實很美好

生命苦短，這既不能阻止我們享受生活的樂趣，
也不會使我們因其充滿艱辛而慶幸其短暫。

——沃維納格

當你懷疑自己的時候，你已走向失敗

一百個滿懷信心和決心的人，
要比一萬個謹小慎微的和可敬的可尊重的人強得多。
——辛克萊

訂正

思考可以隨心所欲，表達則必須謹慎小心

據我所知，成功者和失敗者有一個顯著的區別，就是前者思考得多、表達得少，而後者則恰恰相反。

——傑克．韋爾奇

1. 過去的事不要全讓人知道

與人相處，不要把自己過去的事全讓人知道，特別是那些不願讓他人知道的個人秘密，要做到有所保留。向他人過度公開自己秘密的人，往往會因此而吃大虧。因爲世界上的事情沒有固定不變的，人與人之間的關係也不例外。今日爲朋友，明日爲敵人的實例屢見不鮮。你把自己過去的秘密完全告訴別人，一旦感情破裂，反目成仇或者他根本不把你當真正的朋友，你的秘密他還會替你保守嗎？

也許，他不僅不爲你保密，還會將所知的秘密當作把柄，對你進行攻擊、要挾，弄得你聲名狼藉、焦頭爛額。那時的你，後悔也來不及了。

盧新是一個公司的職員，他與他的好朋友周宇無話不談。一次，藉著酒興，向周宇說出他不為人知的秘密。盧新年輕時，與別人打群架，砍傷了別人，結果被判了兩年刑。從監獄出來後，改過自新，重新做人，考上了大學，進了現在的公司工作。時至年底，公司效益不佳，並準備裁員。盧新和周宇從事同一工作，這個位置精簡後只能留下一個，但論實力，盧新比周宇要略勝一籌。

不久，公司就傳開了，大家都知道盧新是坐過牢的「更生人」，大家對他的印象大打折扣了。誰願意跟一個更生人一起共事呢？結果盧新被裁掉，周宇幸運地留下來。

每個人都有自己的過去，都存在一些不為人知的秘密。朋友之間，哪怕感情再好，也不要隨便把你過去的事情、你的秘密告訴對方。

如果你是職場中人，你將你的秘密告訴你的同事，在關鍵時刻，他很可能會跟周宇一樣，拿出你的秘密作爲武器回擊你，使你在競爭中失敗。他將你不光彩的秘密說出來，你的競爭力就會大打折扣。

自己的秘密不要輕易示人，守住自己的秘密是對自己的一種尊重，是對自己負責的一種行爲。

羅曼·羅蘭說：「每個人的心底，都有一座埋藏記憶的小島，永不向人打開。」馬克·吐溫也說過：「每個人像一輪明月，它呈現光明的一面，但另有黑暗的一面從來不會給別人看到。」

遇到情投意合的朋友，你心裡自然十分高興，隨著時間的推移，你們的感情日漸深厚，一天，你把埋藏心底多年的秘密告訴了他，這充分顯示了你的真誠。你相信他不會做出傷害你的事，也許還能幫助自己解決其中的部分疑難。可是不久，你們因為觀點的分歧，而發生了爭吵。第二天……

要知道，秘密只能獨享，不能作為禮物送人，再好的朋友，一旦你們的感情破裂，你的秘密將人盡皆知，受到傷害的人不僅是你，還有秘密中牽連到的所有人。

儘管對好朋友應該開誠佈公，但這不代表不能有自己的秘密。「不相信任何人和相信任何人都同樣是錯誤的。」不相信任何人，無疑自我封閉，永遠得不到友誼和信任。而相信任何人則屬幼稚無知，終歸吃虧上當。兩者皆不可取，你應該永遠記住：秘密只伴隨自己，千萬不要廉價地送給別人。為此，與人交往時，你要避免自己的感情衝動和談話時間過長，做好必要的防範。

導師評語

當然，不要把過去的事全讓人知道，人家想瞭解你又無從下手，又怎麼會信任你。信任是建立在相互瞭解的基礎上的。

2. 思考的苦樂，表達的歡痛

ㄙ ㄎㄠˇ ˙ㄉㄜ ㄎㄨˇ ㄌㄜˋ，ㄅㄧㄠˇ ㄉㄚˊ ˙ㄉㄜ ㄏㄨㄢ ㄊㄨㄥˋ

人們大多喜歡群居的生活，喜歡熱熱鬧鬧的生活，喜歡有說有笑的生活，因爲人們可以借此來淹沒自己的聲音，迴避自己的思考，塡補獨處的寂寞。

在群居生活中，我們可以不必進行獨立的思考，可以不必亮出自己的觀點，可以不必旗幟鮮明的展現個性。我們可以跟他人一起嘻嘻哈哈，我們可以隨意附和他人的觀點，我們可以避免「鶴立雞群」所帶來的尷尬。在很多好事上我們的「搭便車」行爲，和在很多壞事上我們的「落井下石」行爲，都是這種心理效應的展現。對很多人來說，思考是痛苦的，表達是需要很大勇氣的。因爲，思考越是宏大的問題，越是深刻的問題，精神的迷惘和靈魂的拷問越是長久；因爲，表達越是獨立的觀點，越是與眾不同的觀點，所遭受的質疑和面臨的批判越是強大。因此，爲了避免這種尷尬，爲了躲避巨大的壓力，爲了表示自己的「大眾化」，人們本能地選擇了淹沒自己聲音的行爲。

其實，思考是痛苦的，但思考更是快樂的；表達是需要勇氣的，但表達更是能帶來自信的。思考的痛苦在於你思考的時間很少，沒有形成習慣；思考的痛苦還在於你思考的問題難有進展，沒有完美結果。如果思考成爲了你生活中的一種日常習慣，一種自覺的意識，一種自然而然的行爲，那思考還會痛苦嗎？那思考還需啓動特別的「程序」嗎？那思考還要拿出專門的時間嗎？同樣的，當思考成爲了一種習以爲常的行爲之後，我們還要刻意地去追求思考的結果嗎？這個思考的過程本身就是一個快樂的享受：享受思考深層次問題的快樂，它可能是一種巔峰體驗；享受不斷變化新思維的快樂，它可能是一種巨大的刺激；享受不斷探索不斷追問的快樂，它可能是一個永遠都未知的世界的誘惑。

有了結果當然快樂，但思考更多的是沒有結果的，而且快樂可能更多地展現在這些沒有結果的探索當中。因爲，當一個結果出來之後，也就意味著這個思考可能達到了一定階段，你喪失了繼續探索的興趣，你感覺不到繼續探索的刺激，你在這個結果面前止步了。因此，不是每次思考都沒有結果，不是每次思考都有結果，也不是每個結果都是好結果，更不是每個好結果都是你所期望的樣子。生命本來就是一個探索的過程，我們又何必過於在意那個結果呢？充分的享受這個過程，不斷的超越自我，或許生活的樂趣和精神的追求就在這裡展現出來了。

表達之所以需要很大勇氣，是因爲我們活得還不夠充滿自信，我們還沒有養成直接亮出自己的觀點的習慣。我們本能的有一種避免「鶴立雞群」的衝動。不敢亮出自己觀點的人是可恥的，如果表達成爲了你生活中的一種日常習慣，一種自覺的意識，一種自然而然的行爲，那表達還會痛苦嗎？那表達還需要你鼓起很大的勇氣嗎？那表達還需要你思前慮後顧忌重重嗎？我們正是透過這個不斷的亮出自己觀點的過程來增強自信；我們正是透過這個不斷的表達自己的過程來展現個性；我們正是透過這個與眾不同的思想來識別出與常人的差別；豐富的見識，深刻的理念，個人的魅力都在這個過程得到充分的展現。

導師評語

當你學會了自然而然的思考之後，當你學會了流暢表達的時候，我們可能會活得更加的坦然：一種即使獨處也並不感覺到寂寞的坦然；一種即使群居也並不感覺到淹沒自己的坦然，因為表達也好不表達也好都能使你從容面對、安然於世。

3. 學會寬容，學會換位思考

不會寬容人的人，是不配受到別人的寬容的——貝爾奈。

寬容是一種美德，但是怎樣才能夠做到真正的去寬容別人呢？我想有一個很重要的方法就是要學會換位思考。

當你學會換位思考的時候，就會在遇到問題時多站在別人的角度看問題，設身處地的爲別人著想，然而只有我們做到這些的時候，我們才能夠更加的理解別人，寬容別人。在生活中，要學會換位思考，當與同學發生衝突時，化干戈爲玉帛，重建良好的友誼，當遭遇挫折時，不妨化消極爲希望，陽光就會向你微笑。當我們學會並做到換位思考的時候，我們會發現原來生活其實是很美好的，每一天的心情也都會很好。

「一千個讀者眼中便有一千個哈姆雷特」這話真是精闢。不錯，你也許會認爲哈姆雷特是個只熱衷於胡思亂想而怯於實踐的懦夫，而我卻認爲他那句「生存，還是死亡，這是一個問題」深刻至極。

讀書如此，生活中又何嘗不是這樣呢？不同的生活，不同的環境，不同的人生觀，不同的思考方式，不同的身份決定了思考角度的不同。或許兩個人的思想會有衝突，但請設身處地的爲對方想一想，湧入內心的埋怨或是憤怒便會消失。正如讀者眼中的哈姆雷特，誰能說出哪一個絕對正確？不能，所以要容納對方的觀點，換位思考，才能獲得對這部喜劇更透徹的認識。

同是一朵花擺在面前，會有「花謝花飛飛滿天，紅消香斷有誰憐」的感懷，也會有「落紅不是無情物，化作春泥更護花」的深刻。同是一輪明月掛在夜空，張若虛會吟出「江畔何人初見月，江月何年初照人」的思索，李太白會歎出「床前明月光，疑是地上霜」的鄉愁。

導師評語

你能苛責寄人籬下的林妹妹的傷懷？你能否認落紅護花的事實嗎？你能責怪張若虛是無病呻吟嗎？你能不屑太白的鄉情嗎？恐怕都不能吧。所以才要學會換位思考，去體會一朵花的豐富內涵，去感受原來如此多情的同一輪月。

4. 每一件事都是有雙面性的

ㄇㄟˇ ㄧˊ ㄐㄧㄢˋ ㄕˋ ㄉㄡ ㄕˋ ㄧㄡˇ ㄕㄨㄤ ㄇㄧㄢˋ ㄒㄧㄥˋ ˙ㄉㄜ

1＋1＝?不同的人會有不同的計算方式，而得出的結論、答案也有所不同，數學家爲了證明1＋1＝2而窮盡了半生的精力。有人說：「1＋1＝3是作家。1＋1＝2是數學家。1＋1＝0是哲學家」。太正確了，數學家是實事求是，那是科學來不得半點虛假；作家喜歡在原來的故事上進行加工，誇大事實，筆下生輝；哲學家是正反兩個方面看問題的弊和利同在，所以歸零。設想作家、數學家、哲學家們坐在一起討論1＋1＝?的話題時，相信他們都會拿出自己認為正確答案的依據，可是彼此之間卻互不信服。基於他們僅是處於自己所在的立場去看待同一個問題，因為立場的不同，就會產生不同的看法，看法不同就會得出差異的結果。放眼整個社會也是一樣，一件事因為處理的人不同，那麼使用的方式也可能有差異，得出來的結果也許更有差別。

換位思考、世事無絕對。每一件事情都有雙面性。當我們與他人意見各異時，不妨也換位思考一番，從對方的角度去考慮某些問題，設身處地的從對方的角度以及所處的環境來處理問題，有可能某些我們眼看無法調和的衝突，在我們「山窮水盡疑無路」時，因為我們的換位思考而進入了「柳暗花明又一村」的境界。

學會換位思考，你就不會面若冰霜的從那雙乞求的手旁走過，今天就會多一個果腹的乞丐。學會換位思考，你就不會嘲笑路上的清潔工，你會有一種「勞動光榮」思想的支撐。學會換位思考，就不會再見朋友反目成仇。或許，學會換位思考，就會天若有情天亦老！

導師評語

換位思考不是輕飄飄的四個字，學會它要有寬廣的胸懷，要有博大的氣度，要有體貼入微的一顆心。

如果你已經準備好，請拿出虛懷若谷的胸襟，學會換位思考，你會發現，世界原來可以如此美麗，生活原來可以如此豐富，精神原來可以如此充實。

5. 愛的最好表達就是信任

愛和信任是分不開的，知道我們最親的人一直都不信任我們的時候心裡一片淒涼！但還是有人會說愛和信任是完全不同的兩回事，還說了很多「理由」其實在一起很久了，真的不需要理由解釋什麼了，彼此都知道對方會說什麼，會怎樣解釋了。但是怎麼也沒有想到她這些年來就沒有真正信任過我做的任何一件事情。

難道愛一個人就真的必須要懷疑他嗎？既然你從來就沒有信任過他，又怎麼會愛他呢?要是真的愛他,首先就應該要相信他。

有段話這樣寫的:

愛一個人請相信他吧
愛與信任缺一不可的
如果它們其一不在你的心裡
那麼你會很快走到愛的盡頭

當年在挖掘特洛伊古城的時候,一位英國考古學家發現了一面古銅鏡,銅鏡背後雕刻了一段古怪難懂的銘文,他窮盡畢生精力,請教了不少古希臘文專家,都無法破譯其中的奧妙。

考古學家逝世後,這面鏡子就靜靜地躺在大英博物館裡,直到二十年後，有一天，博物館裡來了一個英俊的年輕人，在博物館館長的陪同下，他徑直走到古鏡的面前，在工作人員的協助下打開玻璃櫃，小心翼翼地取出銅鏡，翻過來放在一塊紅色天鵝絨上。

古鏡背後的銘文在紅色的背景上反射著冷冷的金色光澤。年輕人從背包裡拿出一面普通的鏡子出來，照著古銅鏡上的銘文，轉過頭去，微笑著對博物館館長說：「看，這面古鏡背後的銘文其實並不難解，只是將普通的古希臘文按著鏡像後的文字圖案雕刻上去的。」博物館館長也是一位古希臘文專家，他扶著鼻架上的老花鏡，將臉湊過去，仔細辨析鏡子反照後的文字，緩緩地，一字一字讀道：「致我最親愛的人：當所有的人認為你向左時，我知道你一直向右。」

年輕人抬起頭，歎了口氣說：「真可惜！我祖父花了畢生的精力，也沒能破解文字中的奧妙，卻不知道他一直在浪費著時間，結果竟然是這麼簡單！」博物館館長沉默了一會兒，淡淡的說：「或許你以為他一直向左，其實他一直在向右。」年輕人神色一動，陷入了沉思。

我們已經無法得知，這段文字是否就是當年美麗的海倫寫給她那苦命情人的，但銘文中包含著的那種對愛人無限支持的精神，直到今天仍然令人動情不已。在古代許多國度的習俗中，都有左卑右尊的觀念，看來史前的特洛伊古城也是這樣。我們從古鏡的銘文中可以看到，作者的情人或許正被他人視作不斷墮落，即將陷入四面楚歌的困境，而在這種困境之下，那甜蜜的人兒，卻用這段話表明了對愛人的無比信任，相信他的努力必然會達到一個正確的目標。這種信任對於一個身陷困境的人來說，該是多麼寶貴的鼓勵啊！

那位考古學家沒能揭開謎團，不一定是他做錯了，只能說明他沒有足夠的運氣發現真相，外人或許認爲他向左了，但其實他一直在向右。作爲考古學家的繼承人，他的孫子需要明白這一點，並尊敬祖父的這種不懈的努力，以告慰他那鍥而不捨、死而後已的崇高精神。這或許就是博物館館長話語中的含義。

當所有人都認爲你所愛的人向左時，你不妨對他大喊一聲：「我知道你一直向右！」這或許就是對愛的最好表達。

總之，愛應該是建立在信任的基礎上的。

導師評語

請大家想想要是你聽到自己最愛的人說：「一直都沒有信任過你」的感受，所以說，愛與信任是不可分割的。只有建立在信任基礎上的愛，才是真愛！

6. 學會表達情緒，遠離心理疾病

一位老闆說，「在我很窮的時候，我蹬著三輪車賣菜，那時我生活得很充實，但現在什麼都有了，我卻覺得很無聊，過得很不開心。」

現在有心理問題的人非常多，尤其是情緒障礙的人。在以前，我們尚未解決溫飽問題時，我們每天考慮的是如何找到飯吃，如何有房子住。但是現在，生活慢慢富裕了，我們就開始要關注自己的情緒。

情緒其實是指我們對客觀事物態度的一種體驗。你感受到這個客觀事物對你有利，你就高興；你感覺到這個事物對你有害，你就痛苦。我們要調整自己的情緒，就必須瞭解自己情緒的特點。

情緒治療當中有一個很重要的治療觀念，就是讓患者學會跟必要的痛苦相處。要允許自己會有一個痛苦的過程，允許自己要有一段時間來癒合這段傷痛。其實，面對痛苦時，我們首先要學會接納它，才能很好地控制它。人們在面臨不良情緒的時候，越是害怕它出來、越關注它，就等於在不斷給它能量，它就會越厲害，這就如同小孩子調皮，大人越生氣，有的小孩子反而越來勁。在教育孩子時，對於孩子的不良行爲除了懲罰以外，還有一個重要的策略就是忽略。同樣，對於一些不良的情緒也要忽略它。我們在心理治療過程當中，每一天面對的都是有一大堆煩惱的人，我們的工作並不是先考慮怎麼幫他們解除煩惱，而是讓他們學會跟煩惱相處。

東方文化是很強調理性的文化，而對自己的情緒、情感卻不敏感，很少關注自己的情緒。所以，患憂鬱症的病人，通常不是就診於專科醫院，而是去綜合醫院。這是因爲我們在情緒不愉快的時候，常常不是用自己的心理來說話，而是用軀體來說話。比如一個人生氣了，他可能意識不到生氣，但卻感覺到胸悶憋氣；還有人一到考前就頻繁拉肚子等等。如果想要控制好自己的情緒，首先就要學會關注自己的情緒，時常跳出來，看看自己是怎樣的情緒狀態，緊張、焦慮，或者是生氣了。

那麼我們究竟該如何管理和控制自己的情緒呢？一般來說，我們將情緒的表達分爲四個層面。第一個層面是向自己表達，所謂向自己表達就是向你自己的意識表達，讓你自己的意識很清楚地認識到你的情緒狀態以及它的來源。這種表達說起來很容易，但是常常被我們忽略，而它對我們的健康又是最重要的。如果我們自己很清楚自己的情緒狀態，知道它的來源，這個情緒就已經發洩至少一半了。情緒表達的第二個層面是向他人表達。可以找人聊天，找你的親人，找你的朋友，向他們去表達。以後還會有越來越多專業化的表達，那就是找心理治療師。第三個層面是向環境表達，當不高興的時候去旅遊，當站在高山之巔看蒼穹，或者站在大海之邊看大浪的時候，就會覺得那些不高興的事情沒有什麼大不了的。還可以到森林裡去高喊，或者把自己關在屋子裡打沙袋。第四個層面是我們最提倡的，也是最健康的方式，是昇華的表達。所謂昇華的表達，就是把我們自己的情緒和情感，昇華為一種對自己、對他人、對社會都具有建設性意義的動力。

導師評語

學會情緒的表達，對於我們的心理健康維護是非常重要的。我們應該給自己的情緒多一些關注，學會正確控制自己的情緒。

7. 生活中學會表達拒絕

在生活中，處處需要說「不」。比如，假日你正在家裡休息，推銷員卻不期而至。說什麼「給您送禮了」，軟磨硬纏推不出門；電話鈴突然響了，是某家電器公司的推銷人員，向你介紹一種最新產品，是如何的物美價廉等等。你本來經濟就有點拮据，卻有朋友告訴您「××要結婚了，我們是否要祝賀一下」「××剛生了個小孩，我們去看看」；當你正在辦公室聚精會神地工作，來了一位工作剛告一段落的同事對你說：「休息一下，別那麼累。」剛送走這位先生，又來一位聊天的同事。如果你對他們熱情地奉陪到底，這半天就泡湯了，什麼事都做不成了。對付「聊天客」，你可以說：「真抱歉，今天是我近來最忙的一天，再累都不敢休息。」稍微知趣者，會立即退出辦公室。所以說，在生活中善於表達「不」，是擺脫一切干擾的藝術。

「不」字是一個情緒強烈的負面詞，當我們對上司、對朋友使用時，一定要面帶微笑，語氣親切。即使是對素不相識的推銷人員，也要講究點技巧方法。

在生活中，對來自親戚朋友的請求更要學會一些拒絕的技巧。假如我們擔心老朋友埋怨我們不近人情；怕人們說我們不願助人；怕傷害別人的自尊心或怕給人帶來不必要的不愉快和麻煩等等，便輕易答應別人一些事情，結果反而使自己陷於無窮的煩惱和糾纏中不能自拔，這樣不只浪費了自己的時間，還浪費了自己的精力，傷害了自己與朋友的感情。

當你要拒絕朋友的求助時，首先態度要溫和，儘管說「不」是自己的權利，仍需先說：「非常抱歉」或者說「實在對不起。」然後再詳細陳述自己不能「幫忙」的各種理由。這樣，朋友在心裡上就比較能接受，從而避免一些負面影響。

讓朋友在感情上體會到，我拒絕的是這件「事」，而不是「人」。朋友感覺這件「事情」雖然被拒絕了，而我們倆還是要好的朋友。你可以如此說：「這件事我非常樂意幫忙，只是不巧，我現在手頭上正在做一個急件，下次您再有這樣的美差，我一定幫忙。」你還可以這樣說：「這幾天我實在撥不出時間，您是否請老張來幫忙，他在這方面的業務比我精通，您若是不便於找他，我可以代您向他求助。」

不要生硬地向朋友表達拒絕，應該讓朋友意識到你是爲了他的「利益」

而拒絕的。你可以這樣說：「我非常同情您，也非常想幫助您，但對這件事我並不在行，一旦做錯了，既耽誤了工作，又浪費了財物，影響也不好。您不如找一個更專業的人辦。」或者說：「您的事限定的時間太短了，我若輕易接下來，在這麼短的時間內，肯定做不好。您可以先找別人，實在不行了我們再商量。」這位朋友即使轉了一圈回來再求你，你也已有言在先，這時你就可以提出一些諸如延後完成日期之類的條件。如果這位朋友認爲不行，他自己就會另請高明去了。

導師評語

如果朋友請求幫助的事的確思考不周，你可以耐心地實事求是的給朋友分析這件事辦與不辦的利弊。讓朋友自己得出「暫時不辦此事」的結論。

8. 透過「降格」來實現幽默表達

同樣的話如何去表達非常重要，因爲它會帶來不同的效果。幽默表達是一種非常好的表達方式，但如何實現幽默表達呢？看看以下內容，這些對每個人在生活、工作中的人際交往有著重要的作用。

第一，身份的降格：

由高等而尋常。有意將某人的「高級身份」往低處說，常常能夠顯示出某種非同尋常的幽默效果。美國前總統林肯在競選中獲得總統頭銜，有人打電話，祝賀他坐上最高寶座，林肯卻告訴他說：「我只是一個窮棒子。你知道，我有一個妻子一個兒子，他們才是我的無價之寶。另外，我還租了一間房子，屋子裡放有一張桌子一把椅子，牆角有一個櫃子，櫃子裡的書值得我讀一輩子。我的臉長滿鬍子，我不會發福挺起大肚子，我唯一最寶貴的就是你們——我的選民！」林肯有意將總統的身份擺得很低，與他信賴的選民的讚美離得很遠，這就將語流引向了「低處」，從而顯得幽默而又謙虛，令聽者動容。

帕里斯班是美國一家報紙的專欄作家兼總編，有一次，他派手下一名年輕記者去採訪某軍界的要人。那位年輕記者一聽就怯場了，說：「我有點害怕，我該如何開口向如此一位重級人物提出你所說的那些尖銳問題呢?!」帕里斯班鼓勵他說：「不必顧慮，年輕人。你說話的時候，不要盯著他的將軍服，只需盯著他的鈕扣，把他當作一個穿著睡衣的老人看待就行了。」那年輕記者聽罷哈哈一笑，勇氣也隨之而生。

這裡，帕里斯班的告誡不乏幽默意味，如果從語言表達的結構技巧上看，可以稱之為「降格」的幽默手法。我們把它統稱作「降格」——這種「格」，是就語言表達的各種內容和語流的走勢來說的，它顯示的是一種出人意料的「化大為小，變高為低」的趨勢。上面帕氏要求年輕的記者將與之對話的將軍，當作一個「穿睡衣的老人」看待，就是一種有意降低對方身份的提示。正是專欄作家的這種「看紐扣兒」的降格說法，既給了人一個意外，又顯示出某種意味深長的幽默感。不難看出，「降格」的低調表達的特點就是：眼看語流要朝人們意料中的「高」處走的時候，卻忽地來了個一百八十度的大轉彎，在表達的內容上、在語流的趨勢上都形成了一種收縮的低調的態勢，從而使整個表達兀自生出某種令人忍俊不住的諧謔格調來，因此顯得機警而饒有風趣。

第二，境遇的降格：

從相憐而自解。人和人之間交往，常常會遇到需要相互安慰的時候，在安慰別人時，如果有意將自己「降」到一個不如對方的「低位置」上，就有可能收到引人共鳴同時又不乏黑色幽默味道的表達效果。

在美國無線電廣播中，有一個叫安東尼的人向專題節目的導演訴苦，說他太太總是跟他過不去，讓他感覺處境難堪，內心難受。導演聽罷，這樣安慰他：「你回頭想想我的處境吧：我最要好的朋友跟我太太一起跑了，他們已經跑了一個多月了。安東尼先生，我想念我太太有多難受啊！」

這位導演的聰明之處在於，他把自己放在比對方不如的低位上，這種境遇上的降格，就使得對方在「人比人」的時候變得輕鬆了——那位安東尼聽了定會啞然失笑，心情徹底放鬆，因爲畢竟還有「不如」他的人在！對別人是如此，對自己也可以如法炮製。

第三，語氣的降格：由憤激而平和。如果雙方處於尖銳的語言衝突中，一個人能有意用一種舒緩的語氣說話，會產生怎樣的效果呢？顯然是一種調節氣氛的幽默輕鬆效果。

上世紀八〇年代，雷根在與老布希競選總統的時候，在二人的一場辯論會中，有好幾個共和黨候選人，在沒得到邀請的情況下憤憤不平地擠入會場，怒氣沖沖地要幫布希搭腔。雷根見對方人多勢眾，便靈機一動，裝作體諒對方的樣子說：「現在，就讓我們平心靜氣地坐下來，一道辯論吧！」此話雖是「降格」的語氣，卻在與對方態度的對比中顯得落落大方，十分得體，反而使之陷入被動、無計可施了，結果雷根贏得了更多人的好感。

導師評語

可見，使用降格的表達方式不僅不會「削弱」自己，有時候反而能在幽默的表達中佔據上風，收到出人意料的最佳表達效果。

訂正

沒有做不完的事，只有你遲遲不去做的事

假如你有天賦，勤奮會使它變得更有價值；假如你沒有天賦，勤奮可以彌補它的不足。

——喬·雷諾茲

9. 幸福是要靠奮鬥得來的

幸福不是坐著等來的，而是靠自己歷盡千辛萬苦爭取來的。不是沒有人喜歡自己，而是喜歡自己的人就在眼前，自己卻將目光投向了遙遠的未知的地平線。必須重新去尋找和發現，而發現又是一個艱難的過程，只有一直勇往直前不輕言放棄，才可能抵達幸福的彼岸。

不要對你愛的人發牢騷，甚至脾氣，這些你愛的人，包括：你的戀人，孩子，父母以及親朋好友。你與他們之間是沒有免疫的，傷害一點點，他們疼，你自己更疼。每天運動一點點，對身體有好處；每天微笑一點點，對心理有幫助，這既是對自己負責又是對你愛的人負責。不刻意經營人際關係，不要指望能從別人那裡得到好處。力所能及地幫助需要幫助的人們，也不要期望得到任何的回報。如此而言，你將離所憧憬的幸福越走越近。

不要抱怨你從事的學習或者工作，即使每天進步一點點，也是一筆不可多得的財富。現在大於將來，過程重於結果。因爲活著，比什麼都重要。幸福的生活，不在乎天長地久，哪怕是兩秒之間的脈脈凝視。不會說話的老梧桐樹也會抖落如枯葉一樣不快樂的心事。

要懂得如何控制不良的情緒，不許它放任恣意的生根發芽，在你的心靈深處，或者冷淡的臉頰。當你有一天悄悄變老的時候，如果你尚可以微笑著笑談如煙往事，你一定會仰頭發現——其實，流星滑落的輝煌也只不過是一瞬間。

在最悲傷的時刻，不能忘記信念。最幸福的時刻，不能忘記人生的坎坷。人生不是鋪滿玫瑰花的途徑，每天都是奮鬥。每個人的人生過程，是繼續不斷在奮鬥的，人生的目的是爭取勝利與光榮。人自呱呱墜地以至衰老，無時無刻不是在奮鬥狀態中。

我們看哪一部名人傳記，他們事業的成功，沒有不是經過奮鬥而來的。就是一般平庸的生活，也莫不是從奮鬥中得來。人生在少年時期，除了受父母的保護，師友的指導外，就得與寒暑奮鬥，與疾病奮鬥，若家境貧寒，就得與生活奮鬥。到了青年時期，更要自己與自己奮鬥，這是人生大奮鬥的預備時期。所有壯年立業的力量，都在這個時期學習完成和儲備起來，是人生一大關鍵。就是把身體鍛煉好，品性修養好，學術研究好，同時爲了爭取美滿的姻緣，更需要在情場上大大的奮鬥一場。壯年時期，是人生奮鬥最激烈，最精彩的時期，能否博得他人的喝彩，表現的出色，全看你的努力而定。當你跨入社會之初，你看見的外表是壯麗的，是燦爛的，你將感到充滿誘惑，反之到處充滿著陷阱，步步荊棘，處處障礙。

你想做一個好人，或紅人，名人，偉人。必須拿出你全部的精神，與社會奮鬥，爲事業奮鬥打出一條血路來。等到奪取據點，腳跟站穩，然後運用你的地位、權力、經濟，手腕各種力量發展你的抱負，發揮你的才能。

導師評語

那麼人生的奮鬥有日期嗎？沒有。我們生活一天，就得奮鬥一天。生活一分鐘，一秒鐘，就得要奮鬥一分鐘一秒鐘，所以說人生就是奮鬥。

10. 世上無難事，只要肯攀登

哲人說：「老年遭受艱難困苦是不幸的，這道理人們普遍知曉。少年未經艱難困苦也是不幸的。這道理不是每個人都能明白的。享樂在先，或許令人羨慕。但這只是一個過程，不會永遠享樂下去，走到終點便是苦。吃苦在先，同樣也是一個過程，不會永遠苦下去，走到終點便是甜。像病人吃苦藥一樣，藥力進而體自康。」

雲南大理白族的三道菜，就是一苦一甜一淡，這象徵了人之一生的三重境界。這警示人們只有趁青春時代爲創業歷盡磨難，才能贏得中年之甜，老年之淡。

人總是祈盼順利而不希望遇到挫折，渴求幸福而不喜歡遭受苦難。作爲美好的嚮往，這當然是無可非議的。然而，現實生活中，往往難免遭遇挫折與苦難，在某些時候，苦確如魔鬼梅菲斯特之於浮世德如影隨形，揮之不去。

面對人生路上的挫折與苦難，一些人常常是心灰意冷，知難而退，甚至怨天尤人，自憐自棄，對月傷懷。而另一些人身處逆境中，則能鎮定自若，知難而進，以不折不撓的精神，最終戰勝挫折。我們當然敬仰後者。世間一切成大器者，大都是這些能吃苦耐勞的人，那些懼怕、逃避艱苦，一味貪圖舒適、追求享受，沒有吃過苦、沒有經歷過挫折的人，往往是沒有多大出息的，一旦遇到不可躲避的挫折與苦難，他們便會被擊得一蹶不振。

有人說：「艱苦與挫折是人生的一筆財富。」也有人說：「吃苦是人生成功的門檻，經歷艱難才好做人。」「艱難困苦，玉汝於成。」經歷挫折與苦難是人生的一堂必修課，挫折可以磨煉人的意志，昇華人的精神，促進人的成熟，完善人的品格。

有一位作家的經歷令人震撼：他在小學、初中、高中時都留過級，被老師斥之為廢物。高中畢業做了工程兵，挖山洞，挖煤炭，處在社會的最低層。從那時起他開始發奮讀書，並積極向報紙雜誌社投稿。三年後成了小有名氣的文人，被推薦為秘書兼圖書管理員，初戰告捷，他更勤奮了，夜以繼日地讀書寫文章，十年後成了作家，再後來成了知名作家。

他的成功包含著蜂蜜和黃連，黃連在成功前吞嚥，蜂蜜在成功後品嚐。是什麼促使他成功的呢？是那些「人非志無以成才」，「寶劍鋒從磨礪出，梅花香自苦寒來」，「世上無難事，只怕有心人」等人生哲理，促使他時時奮發，時時努力，持之以恆，毫不懈怠，直至到達成功的彼岸。

任何人的一生都不可能一帆風順，難免會經歷坎坷與艱難。如果把坎坷看做一種調味品，你就會感到坎坷的生活也有滋味；如果把艱難看做一筆財富，就會豐富我們的閱歷，豐厚我們的人生底蘊。

人的一生誰都難以躲過苦難，如果該吃苦的時候不吃苦，那麼到了不該吃苦的時候就一定會吃大苦。請不要拒絕艱難與痛苦，因爲有了它，我們的人生才會變得多姿多彩，我們的精神才會變得堅韌敏銳。鑒於此，我們要拿出勇氣承受痛苦，開創未來的甜美生活。

導師評語

「世上無難事，只怕有心人。」人生在世，困難猶如那暴風雨，時常吹散了我們起飛的翅膀，時常阻礙了我們前進的腳步。膽小的人畏懼不前，懦弱的人猶豫不決，唯有那最有膽識和最不怕吃苦的人才能繼續奮勇向前，譜寫出美麗的七彩人生。

11. 誰跑得快誰就贏得財富

ㄕㄟˊ ㄆㄠˇ ㄉㄜˊ ㄎㄨㄞˋ ㄕㄟˊ ㄐㄧㄡˋ ㄧㄥˊ ㄉㄜˊ ㄘㄞˊ ㄈㄨˋ

人的一生就是在不斷地奔跑，如果你停下了，別人就會追上你，這就是現實所蘊含的危機。所以我們要珍惜每一分每一秒，做自己該做的事，不斷完善自己，這樣我們才會不斷進步，不斷向更高的目標走。

時間是人人都擁有的財富，但並不是每位時間者都能夠理解它的價值。有的人把它視其爲生命的一切，而對有些人來說時間僅僅是用餐與睡眠的刻度。

做時間的主人，做自己命運的主人。人每天的二十四小時都是屬於自己的。一個人，如果把八小時的工作時間，當成鍛煉自己能力的八小時，他的進步就非常快。在這個世界上，誰能珍惜時間，並能做時間的主人，誰的事業就會蒸蒸日上。誰放棄了時間，也就等同於放棄了自己的好運。

隨著科技飛速發展。「爭分奪秒」已不能準確顯示時間的緊迫性。運動場上，零點一秒，毫厘之差，結果就是天壤之別！因爲這決定了誰是記錄的創造者。關鍵時刻一秒値千金。一個人的財富來自緊緊抓住時間。時間管理者請記住時間就是效率、時間就是金錢、時間就是一切。

貝爾在研究電話時，另一個叫格雷的也在研究。兩人同時取得突破。但貝爾在專利局贏了，比格雷早了兩個鐘頭。當然，他們兩人當時是不知道對方的，但貝爾就因爲這一百二十分鐘而一舉成名，譽滿天下，同時也獲得了巨大的財富。格雷呢？少有人知。

在當今社會中，誰快誰就贏得機遇，誰快誰就贏得財富。時間就是金錢，只有重視時間、節省時間才能獲取人生的成功。的確，在如今的社會，節省時間就是節省金錢，浪費時間就是浪費金錢，而不管是時間或金錢，對時間管理者來說都是浪費不起的。

而珍惜時間的關鍵就是運籌時間從現在開始。用句現在的流行話則是：「失去的歲月不會重來，只有你的臉知道它曾經來過。」無論太陽升落，還是桑田滄海，時間都會一視同仁公平的給予每樣事物，所以生命才得以生生不息，循環不斷。時間更如陽光一樣，在每一天的開始時都會給予充分的光明，不論是窮人還是富人，都無法向時間多要一秒鐘。時間絕不會停下來，更無法重複，現在看到的這一刻馬上就會成爲過去，太陽可以朝升夕落，一年四季可以更迭，但是時間自眼前這一刻之後就變成歷史，永遠都沒有辦法出現兩個完全一樣的刹那。

因此你必須記住並且做到，不要懷念過去；將來則還沒有來到，也不要去憧憬；重要的是現在，也就是眼前的一切，不抓住它，它就會一秒一秒的流失。只要你把握住現在，那麼所有的時間都將被充分的利用，一點一滴也不要浪費。

導師評語

由無數個過去的「現在」組成的歷史，是你通往成功的必經之路。而時間管理的秘訣就是：抓住現在，立刻去做，那樣你才會不斷擁有財富。

12. 相信自己是一隻雄鷹，總有一天會成功翱翔

在漫長的人生旅途中，每個人都會遇到這樣或那樣的挫折與不幸，只是有些人面對挫折與不幸退縮不前，輕而易舉的放棄了戰勝的勇氣，而有些人卻能堅守信念，永不言棄的去打拼，最終擊敗了挫折與不幸，迎來了光輝燦爛的明天。所以相信自己，永不言棄的人無論做什麼事，成功的幾率都大，否則，只能是當挫折與不幸的逃兵。

眾所周知的奧運會冠軍鄧亞萍，由於受父親的影響，立志做一名優秀的運動員。從五歲就開始練習打乒乓球，很想進到體校接受正規訓練，可是由於她個子矮小，手腳粗短，根本就不符合體校的招生要求，所以體校的大門並沒有向她敞開，但是她沒有放棄自己的理想，仍然堅持跟父親訓練打乒乓球。皇天不負有心人，沒想到十歲的她，在參加全國少年乒乓球比賽中，竟然獲得團體和單打兩項冠軍，從此她在乒乓球上屢立戰功。她不僅衝出了亞洲，而且走向了世界，為中國奪得了一枚又一枚的奧運金牌，也為中國的體育史創造了一個又一個的輝煌！

也許大家都還記得在美國亞特蘭大奧運會上，鄧亞萍和對手爭奪單打冠軍時，當時她的前兩局很不好，但是她並沒有灰心洩氣，以頑強的拚搏精神硬是將比分拉回，反敗爲勝，爲中國奪得了這枚來之不易的金牌，也爲自己的運動生涯畫上了一個圓滿的句號。是什麼力量使她走向成功，又是什麼力量使她超越自己，在賽場上反敗爲勝？那就是相信自己，永不言棄的精神在鼓舞著她，在支撐著她，才使她一次又一次地創造了奇跡，爲國人爭光。

著名的德國作曲家貝多芬，也同樣是靠相信自己，永不言棄的精神，為世界人民創作了那麼多的優秀作品。作為一個音樂創作的人來說，沒有了聽力，情況是可想而知的，但是酷愛音樂的貝多芬恰恰是當他步入音樂聖殿的時候，由於疾病造成了雙耳失聰，面對這樣的災難，他沒有被擊倒，而是戰勝自我，超越自我，創作了許多優秀名曲，他的《第九交響樂》就是在雙耳幾乎完全失聰的情況下創作的。每當我們聽到這首樂曲，就會想到貝多芬的頑強意志……這樣的例子真是舉不勝舉，他們都是相信自己，永不言棄的楷模，也是我們學習的榜樣。

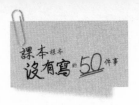

相信自己，永不言棄！即使你揚帆遠航在人生的海洋上，遇到了一場暴風雨，也會在風雨之後，迎來水天一色的美景！

相信自己，永不言棄！即使你出征遠行在人生的大道上，遇到泥濘與沼澤，也會走過，迎來一條鋪滿鮮花的康莊大路！

相信自己，永不言棄！即使你攀登在人生的高峰險峻上，遇到的是昏天暗地，也會登上山頂，迎來山巔的人間仙境！

導師評語

所以相信自己，永不言棄，應該是我們所有人的信念，只要我們有了相信自己，永不言棄的精神，我們就能戰勝生活當中的所有艱難困苦！

13. 吃苦、挫折、磨難是人生的一筆財富

吃苦、挫折、磨難是人生的一份本錢，一筆財富。我們要懂得珍惜這種財富，不能認爲這是社會對自己的不公平，否則我們將一事無成。

一位好心的老人，在草地上發現了一個蛹，他把蛹帶回家。過了幾天，蛹殼上出現了一道小裂縫，裡面的蝴蝶已經掙扎了好幾個小時，似乎身體被卡住了，一時出不來。老人看著於心不忍，於是，他拿剪刀把蛹殼剪開，幫

助蝴蝶脫蛹而出。可是，這隻蝴蝶的身軀臃腫，翅膀乾癟，根本就飛不起來了，不久就死去，老人為此很傷心。

蝴蝶爲什麼會死去？原因是蝴蝶未經歷成長的必然過程。蝴蝶必須在蛹中經過痛苦的掙扎，直到它的雙翅強壯了，才會破蛹而出。人的成長又何嘗不是，不經歷掙扎、挫折、磨難，就很難脫穎而出，這說明一個道理——成功沒有捷徑。

彭德懷年少時，家貧如洗，為了生存不得不為有錢人家放豬，可謂歷經磨難，然而正是這苦難的童年生活磨煉了他的意志。舉世聞名的大文學家高爾基，早年喪父，十一歲就開始當徒工，也正是這段苦難的童年使他懂得了人生，為後來的文學創作打下了堅實的基礎。一九一五年獲得諾貝爾物理獎的威廉．亨利布拉格，青年時在皇家學院求學。這裡的讀書人大多是富家子弟，但亨利布拉格衣衫襤褸，拖著一雙比他的腳大得多的破舊皮鞋。富家子弟誣蔑他這雙破皮鞋是偷來的。一天老學監把他召到辦公室，兩眼死盯著那雙皮鞋。亨利布拉格明白是怎麼回事，他拿出一張小紙條交給學監，這是他父親寫給他的一封信，上面有這樣幾句話：「兒呀，真抱歉，但願再過一兩年，我的那雙破皮鞋，你穿在腳上不再嫌大。一旦你有了成就，我會引以為傲。因為我的兒子正是穿著我的破皮鞋努力奮鬥成功的。」老學監看完之後，也被深深的感動了。

相反，古今中外歷史上又有幾個紈褲子弟成就大業或有成就的呢？就拿杜邦家族來說，這個家族是美國的億萬富翁，豪華的別墅、專用飛機、遊艇和高級小轎車，家裡應有盡有，然而，這個家族的後代卻大都是平庸之輩，他們的精神世界蒼白空虛，有時竟無聊到專門搞惡作劇，用絨布作食品餡招待貴客，或以數噸水泥散堆於鄰居門前。他們躺在先人的財富上尋歡作樂，思想必定會頹廢，意志必然會消沉，又怎會讓家族事業發揚光大呢？

隨著時代的發展，生活水準的提高，鼓勵孩子吃苦，讓孩子經歷磨難、挫折，已成為世界各國培養下一代的一條重要途徑。

日本從幼稚園開始，就注意培養孩子的「吃苦」精神，幼稚園裡的孩子從三歲開始，就要學會端碗拿筷子吃飯，學會在老師的指導下穿衣脫褲繫鞋帶；到了六歲，就必須養成獨立飲食、刷牙、洗臉的習慣。有些幼稚園甚至給大班的孩子吃用粗菜雜糧製成的「憶苦飯」，孩子們連續三天硬是不吃，並且號啕大哭。園方卻依然堅持，大多數家長也不反對，最終孩子們只得「忍苦」嚥下去，著實接受了一次「憶苦思甜」教育。

西方很多學校每年都要舉辦「田間學校」、「孤島學校」、「森林學校」等活動，讓孩子們在既無電源又無淡水的荒島上，紮營搭篷，尋找水源，撿拾柴草，採集野果……然後自己生火燒飯。「吃苦」教育，已成爲對下一代進行素質教育的一種行之有效的方法。

導師評語

美國的「富門寒教」歷來引人注目。一向追求民主獨立和個性解放的美國人，十分重視培養下一代的吃苦精神。美國有一個百萬富翁的「千金」，每天白天上課，晚上外出打工，以賺取學雜費。這個身為企業家的百萬富翁平靜的說，「我這樣做只是為了讓孩子從小就知道生活的艱辛，讓她經歷一點生活的磨難，她長大後才會知道怎樣控制自己，怎樣才能在社會上站得住腳。」

14. 堅持為夢想奮鬥，永不言棄

我們每個人小時候，都有各種不同的夢想，但長大後，能真正爲夢想而努力的人並不多。夢想之所以爲夢想，是因爲它的難以達到，所以在實現夢想的過程中，很多人放棄了。放棄夢想的人是不幸的，人如果沒有夢想，就彷如失去航向的船，只能在大海中隨風漂泊。

努力，並不一定會成功；但放棄，則一定會失敗。堅持就是勝利，在最後一秒還未到來之前，結果永遠是未知的，成功往往就在下一刻的堅持之中。

既然有夢想，那就執著的去拼；既然有夢想，那就奮力的去追。面對暫時的失敗，不要灰心、不要喪氣，不要彷徨也不要徘徊。抬起頭昂起胸，收拾好行裝，再次向著夢想出發。

韓國現任總統李明博的人生經歷也是充滿了奮鬥與抗爭，正是絕不向命運低頭的堅強意志和面對苦難、失敗永不言棄的精神，造就了他今日的成功。居里夫人也曾經說過：「我從來不曾有過幸運，將來也永遠不指望幸運。我的最大原則是：『不論面對任何困難都絕不屈服』。」

導師評語

生活中，我們無法迴避挫折，只能面對。重要的是在挫折中能堅持到底，永不言棄，直至擊敗挫折。

15. 挫折是人生的考驗

你可知道劉翔永不言棄的速度，中國女排永不言棄的頑強，愛迪生永不言棄的勇氣，他們之中有一個共同的特點，那就是堅信挫折是人生的考驗。這不是看你的技術，而是靠毅力，毅力是決定成敗的關鍵。這一切都告訴我們，永不言棄是一種品格，更是一種頑強，永不言棄的人總會勝利。

如果你正在家裡舒服地享用美食，享受生活，那麼請你抽出時間來想一想：如果沒有愛迪生的永不言棄，生活便沒有光明；沒有革命志士的永不言棄，我們便沒有幸福；沒有科學家的永不言棄，我們便沒有現代科技……

永不言棄的人，看到的永遠是希望；而輕易就放棄的人，等待他的後果只會是絕望。

永不言棄的人，心中總是有著一種樂觀安適的心態；而輕易放棄的人，心緒煩惱萬分，終日生活在苦惱與悲觀之中。

永不言棄的人，往往會享受到勝利與成功給他帶來的喜悅；而輕易就放棄的人，失敗永遠是他心中無法抹去的一道陰影。

永遠不能放棄！未來也許還會有寒風淒雨，但是前路一定有萬丈陽光。如果失敗了就振作精神重來，失敗了多少次都不要緊，因爲，只要成功一次就夠了，一次，就足以抹滅所有失敗的過去。成功一定會到來的！爲此，須鍥而不捨，須百折不回，須志懷高遠，須永不言棄！路，在延伸，延伸到遙遠的地方，縹緲而觸不可及。但是，我們在前進，一步一步，艱辛而堅定！

我們不知道能不能到達最光明的頂點，但是，我們應該知道，只要我們在前進，就能慢慢的接近輝煌。

導師評語

前路也許會有淒雨苦風，前路更有鮮花遍地、光芒萬丈，一切都在等著我們去開創，前進吧，為那些還沒有實現的夢想！明天很美好！明天很精彩！

16. 沒有行動就永遠沒有機遇

失敗者談論起別人獲得的成功，總會滿腹不平的說：「人家如何如何憑運氣……趕上了好時光……」他們不採取行動，總是期待有一天他們會走運，期待成功降臨在自己頭上，他們認爲成功者總是一帆風順的，而自己的命運總是一路紅燈。他們除了怨天尤人之外，什麼也不去做。而成功者從來不等待不拖延，更不會等到「有朝一日」再去行動，而是今天就去做。他們忙忙碌碌努力一天之後，第二天又接著去做，不斷經歷著努力、失敗，直到取得成功。

要想抓住機遇，就必須立即行動。積極行動才能抓住機遇。沒有行動就永遠沒有機遇。有時，立即行動的決定能使你最荒誕的夢想成真。

有一位女孩，她從大學起，就一直夢寐以求想當一名電視台的節目主持人。她覺得自己具有這方面的才能，因為每當她和別人相處時，即使是陌生人也願意親近她並和她暢談，她知道怎樣掏出別人的心裡話。她的朋友們都稱她是「親密的隨身精神醫生」，她自己常說：「只要有人願意給我一個上電視的機會，我相信自己一定能夠成功。」但是，她為自己的理想做了些什麼呢？其實什麼也沒做，她空有理想，卻只是在等待奇跡出現，好像當節目主持人是遲早的事情。

她不切實際的等待著，直到生活磨滅了她的所有理想，結果什麼也沒有發生，誰都不會請一個毫無經驗的人去擔任電視節目主持人。而且，節目主管也沒有興趣與時間跑到外面去搜尋天才，都是別人去找他們。

她的失敗就在於她在十年當中，一直停留在幻想上，坐等機會，期待時來運轉。守株待兔得來的永遠只有一隻兔子，只有積極的行動，才會獲得成百上千隻兔子。機遇不會從天而降，需要自己去爭取，需要自己去創造。

一些人之所以喜歡等待，不外乎有兩種情況：一是等待貴人扶持；二是等待一切預備妥當。出門遇到貴人，是值得高興的事。通常遇到貴人是運氣，是偶然的意外，但就偏偏有人認爲那是必然的事件。於是，什麼也不做，只等貴人出現，滿心以爲靠貴人的提攜，自己就可以不費吹灰之力出人頭地了。這種等待貴人出現的心態，其實是希望不勞而獲，吃免費的午餐，與守株待兔無異。這種心態也成爲他不去努力的藉口，引導著自己越走越遠。不難發現，在生活中存在著這樣一個真理：積極行動的人不一定會獲得機遇，但能夠抓住機遇的人一定付出了積極行動。成功者都是善於抓住機遇的人，雖然他們有時難免會犯錯，但是他們比起那些做事猶豫的人要強，取得成功的幾率也大得多。

導師評語

每個人都要記住，不管你成了什麼人或者你是什麼人，如果你發現了機遇，就要立即行動，只有這樣你才能走向成功。

訂正

如果停步不前，等於拱手認輸

當哥倫布發現美洲的時候，他知道他航向何處嗎？他的目標只是前進，一直向前進。

——紀德

17. 生命就是不停步

快樂與欣慰，暢想與失落，激揚的汗水，成功的淚水，失敗的頹廢，不爲人知的痛苦，漸漸褪去的稚氣，點點滴滴的心動……

生活賦予我們的，也許遠不止這些，更多的是跌倒後爬起的堅強，壓抑後爆發的開朗，是對浮華的漠視，是對人淡如菊境界的追求，是成長路上一步步的沉穩。

人類有自信和勇敢的堅強品格。有許多人身處困境，卻靠自信和勇敢的稟性戰勝了困難。不管一個人的處境是多麼的不如意，只要能不斷前行，即便是緩慢的進步，生活也是健康向上、充滿希望的。但是，一旦他不再前行了，不再向更高、更深、更強的方向發展，他的生活就會變得死氣沉沉，平庸至極。

有一年，安德拉的家鄉遭受了百年不遇的雪災，他的房子被壓垮了，為了活命，他們不得不舉家搬遷到山的那邊。半路上，他不小心脫隊了，後來他得以與叔叔同行。

在暴風雪肆虐的環境下要穿越海拔三千米的大山是相當危險的事。冰冷的雪風像刀子一樣刺割他們，更要命的是，地面已經結冰，很多人都不幸滑下了懸崖。

安德拉小心的向前走著，他不敢看兩邊深不可測的崖底，在經過一段相當平坦的路面時，他看到很多人都圍在一起休息。叔叔對他說：「我們不能停下，趁著天色還沒黑，我們得趕緊穿過大山。」

安德拉繼續向前走，為了不滑下去，他拿出準備好的繩子，一頭握在叔叔那頭，一頭握在他這頭。穿過一座樹林時，他看見一個小伙子倒在地上，已是奄奄一息的人。安德拉不忍心丟下他，就用繩子把他捆在自己的身上，手腳並用的朝前爬。中午，安德拉給小伙子餵食了一塊麵包後，小伙子的體力逐漸恢復了，他問安德拉：「到了嗎？」安德拉回答：「還沒有，你再忍耐一下。」短暫的休息後，安德拉攙扶著小伙子繼續往前走。下午三點，小伙子又問：「到了嗎？」安德拉回答：「再一會兒。」接下來，小伙子每隔半個小時就問一次，雖然得到的是相同的答案，但他沒有絲毫洩氣。

到了下午六點，安德拉終於看到叔叔在下山的路口等著他們，這時，暴風雪已經明顯減弱了，他興奮地告訴小伙子：「到了。」「終於到了！」小伙子大叫了一聲，然後趴在了地上。安德拉以為他是在休息，後來才發現他早就沒了呼吸。叔叔遺憾地告訴他：「因為沒了包袱，他的生命也像散沙一般走到了盡頭。」

這件事對安德拉觸動很大，在成立他的報業王國之後，他經常對員工說的一句話就是：「人生中最可怕的並不是死亡，而是怕沒有包袱，因為只有包袱才會令你的生命不停步！」

只要還活著，人生就沒有終點，千萬別把終點當終點，從此停步不前。事實上，只要活著我們始終在路上。把每一次到達的終點當作一次新的開始，你才有繼續前進的渴望和動力。

導師評語

生活其實並不公平，也許命運不該如此安排。但你的一生就是可能讓你周圍的人艱難、坎坷。生活的魅力與智慧，合著生命的光與影，讓我們一路前行，永不停步。

18. 機遇不會主動找你

ㄐㄧ ㄩˋ ㄅㄨˋ ㄏㄨㄟˋ ㄓㄨˇ ㄉㄨㄥˋ ㄓㄠˇ ㄋㄧˇ

機遇不會像天上掉餡餅，剛好砸到你頭上，而是像風一樣在你的身邊飛過，就看你有沒有伸手抓住它的能力，並保證不讓它從指縫中溜走。

風險與機遇是天生的孿生兄弟，是形影不離的。要想贏，就必須敢於擔風險。只有「著重於機遇，而不著重於困難」的人，才能最大限度的利用機遇，取得最大的成功。

塞翁失馬，因禍得福，看似偶然，實爲必然。生活中到處都充滿著機遇，問題是你肯不肯尋找，肯不肯爲改變自己的現狀和命運而努力。

法國從前有個叫吉麥的窮畫家。有一天，他支起畫架在院子裡畫畫，他的妻子在一旁洗衣服。吉麥畫了一會兒，習慣的隨手甩了一下畫筆，沒想到畫筆上的藍色顏料濺到了妻子洗好的白襯衣上。妻子一邊抱怨，一邊重洗這件白襯衣。可是，不管她怎麼洗，襯衣上總是有一點藍色洗不掉。她只好無可奈何的把它曬起來。沒想到，這件白襯衣的藍點雖沒有洗掉，但衣服曬乾以後竟然比原先更潔白，更鮮艷。吉麥為了弄清這是怎麼回事，第二天他又故意這樣試了一次，結果跟前一天一樣，沾了藍顏料的白襯衣顯得更白更艷。第三天他再次試驗，結果仍然相同。作為從事視覺藝術的畫家，吉麥經過一番思考分析，認定這是由於人們的錯覺造成的現象：在白色裡摻入少許藍色，人的眼睛看起來會覺得更白。

後來吉麥把這種能使白襯衣更白的淡藍色顏料，命名為「可以使衣服潔白的藥」，並附上一份關於使用方法的說明書，拿到市場上去出售。由於他的宣傳才能，這種「藥」竟出人意料的暢銷。人們使用吉麥的這種新產品以後，紛紛讚揚他發明了效果很好的漂白劑。這種藍顏料和水的混合液，使吉麥後來變成了一個大富翁。

日本從前有個叫騰庵的人，早年開過釀酒作坊。那時日本酒坊釀出的酒比較混濁。有一次，騰庵手下的一個夥計因為對騰庵不滿，決定離開酒坊。這個夥計在離開前故意抓了一把灰丟進酒桶裡，目的是想把酒弄髒，讓它賣不出去。騰庵碰到這樣的人為災禍，心裡自然十分氣憤。懊喪的心情使他久久的看著大酒桶發呆。奇怪的是，過了一陣，他發現被撒了灰的酒漸漸地變清了！後來，他請人化驗分析才明白，原來正是摻進去的灰使酒裡的雜質沉澱了。從此，騰庵就用這種方法生產出當時別的酒坊還製造不出來的清酒，大受顧客的歡迎，他本人也因此發了大財。

人們在尋找機遇、利用機遇的過程中，經常會遇到「恐怕不行吧，我可能做不到」這樣的心理障礙；好像自己的能力極爲有限，爲自己的停步不前找藉口。這往往是一種「幻覺」——錯誤的「自我限制」。

人的一生，總是有幾次大的機遇的。大的機遇，必有大的變化，沒有大變化，也就沒有大的發展。而要有大的發展，就要善於抓住機遇。因此培根說過：「造成一個人幸運的，恰是他自己。」

導師評語

每個人只有抓住一個個「不顯眼」的機遇，才能獲得輝煌的成功。要想成功就必須主動去抓住機遇，記住，機遇是不會主動找你的。

19. 做一個不斷進取的人

剛製造出來的航海羅盤，在還沒有磁化前，指針方向混亂；一旦磁化，就會被一種神秘的力量支配著，指向同一個方向，永遠指向那裡。

在人的身上，這種神秘的力量就是進取心。使我們向目標不斷努力。它不允許我們懈怠，它讓我們永不滿足，每當我們達到一個高度，它就召喚我們向更高的境界努力。

有人向美國薪水最高的職業經理詢問成功的秘訣，他說：「我還沒有成功呢！沒有人會真正成功，前面還有更高的目標。」

進取心是擺脫頹廢的最佳方法。

一旦形成不斷自我激勵、始終向著更高境界前進的習慣，身上所有的不良特質和壞習慣都會逐漸消失，個性特質中，只有被鼓勵、被培養的特質才會成長，而消滅不良特質的最好方法就是消滅它們賴以生存的環境和土壤。

從前在賓夕法尼亞的一個山村裡，住著一位卑微的馬伕，後來這位馬伕竟然成了美國最著名的企業家之一。他就是查爾斯・齊瓦勃先生。

齊瓦勃先生是如何獲得成功的呢？齊瓦勃先生的成功秘訣是：每謀得一個職位，他從不把薪水的多少視為重要的因素，他最關心的是新的位置和過去的位置相比是否前途和希望更遠大。

他最初在鋼鐵大王安德魯・卡內基的工廠做工，當時他就自言自語的說：「總有一天，我要做到經理的職位。我一定要努力做出成績來給老闆看，使老闆主動來提拔我。我不會計較薪水的高低，我只要記住：要拚命工作，要使自己的工作產生的價值，遠遠超過我的薪水。」他下定決心後，便以十分樂觀的態度，心情愉快的工作。在三十歲時，他成了卡內基鋼鐵公司的總經理，三十九歲時，他又出任全美鋼鐵公司的總經理。

淺嘗輒止、安於現狀、不思進取的人不會做出什麼大的成績。一個有崇高目標、期望成就大業的人，總是不停的超越自我，拓寬思路，擴充知識，敞開生活之門，希望比周圍的人走得更遠。如果你在一個平庸職位上拿到不錯的薪水，就缺乏向更高職位努力的動力，那就非常遺憾了，這說明進取心已開始消磨了。其實，你有能力做得更好，甚至有能力自己創業。

人們通常很早就意識到進取心在叩響自己心靈的大門，但是，如果不注意它的聲音，不給予它鼓勵，它就會漸漸遠離，正如其他未被利用的功能和特質一樣，雄心也會退化，甚至尚未發揮任何作用就消失得無影無蹤了。

即使最偉大的雄心壯志，也會由於多種原因受到嚴重的傷害。拖延、避重就輕的習慣都會嚴重的削弱一個人的雄心，影響一個人的雄心壯志。

導師評語

如果你發現自己在拒絕這種來自內心的召喚、這種激勵你奮進的聲音，要留意，別讓它越來越微弱以至消失，別讓進取心衰竭。當這個積極的聲音在你耳邊迴響時，一定要注意聆聽它，它是你最好的朋友，指引你走向光明和快樂。

20. 勤奮可以改變現狀

勤奮是一所高貴的學校，所有想有成就的人都必須進入其中，在那裡學習有用的知識，獨立的精神，培養堅忍不拔的習慣。其實，勤勞本身就是財富，如果你是一個勤勞、肯做、刻苦的人，就能像蜜蜂一樣採的花多，釀的蜜也越多，你享受到的甜美也越多。

腳踏實地並且堅持走下去是對勤奮刻苦的最好註解。要想改變現狀，你就要像那些石匠一樣，他們一次次的揮舞鐵錘，試圖把石頭劈開。也許無數次的努力和辛勤的錘打都不會有什麼明顯的結果，但最後的一擊石頭終會裂開的。成功的那一刻，正是你前面刻苦積累達成的結果。

在一般人的眼裡，戴維肯定算不上是命運的寵兒。由於出身貧寒，他接受教育和獲得知識的機會都很有限。然而，他是一個有著真正勤奮刻苦精神的小伙子。當他在藥店工作時，他甚至把舊的平底鍋、水壺和各種各樣的瓶子都用來做實驗，鍥而不捨的追求科學和真理。後來，他以電化學創始人的身份出任英國皇家學會的會長。

勤奮是一個人走向成功的基礎，它更像一個推進器，把你推到成功面前。如果有一天你終於成功，你應該自豪地對自己說：「這是我刻苦努力的結果。」

與之相反，懶惰是成功的天敵。在這個世界上，投機取巧是永遠都不會取得成功的，偷懶更是永遠沒有出頭之日。你可以問自己：僅靠自己能生存下去嗎？如果現在覺得你還做不到，那麼你必須不懈的努力，勤奮刻苦，用自己的實力達到這樣的目標。

導師評語

當你覺得靠自己活下去很容易時，那麼你就是一個有價值的人，但是辦法只有一個，就是勤奮。

21. 成功需要刻苦的努力

即使你從事著卑微的工作，只要你認真的去做了，你的整個靈魂必將化爲一種真實的和諧！疑慮、慾念、憂傷、懊悔、憤怒、失望等所有都將不存在，那麼你離成功也就更近一步了。

年輕的約翰每天都要徒步走四公里到費城，在那裡的一家書店裡打工，每週的報酬是一美元二十五美分。後來，他又轉到一家製衣店工作，每週多加了二十五美分的工資。從這樣的一個起點開始，他勤奮刻苦地工作，不斷地向上攀登，最終成為了美國最大的商人之一。

農業可以說是一個很平凡的事業，但在古羅馬，人們卻非常地尊敬這一行業，那些勝利凱旋的士兵和將軍都要去務農。這個國度推崇勤勞的品質，羅馬人把勤奮和功績作爲他們的箴言。

導師評語

成功需要刻苦的努力。作為社會中普通的一員，你更要相信，勤奮可以改變你不滿的現狀，它是檢驗成功的試金石。即使你天資一般，只要勤奮，就能彌補自身的缺陷，終究成為一名成功者。

22. 試著超越自己，駛向彼岸

有人說：走過童年的夢幻，走過青年的詩意，走過中年的成熟，走過老年的惆悵……人的一生中，難以超越的總是自己！

我們最強的對手，不是別人，而是自己！在超越別人之前，得先超越自己！人有許多弱點，像自卑、懶惰、膽怯……也會遇到困難，像貧窮、殘疾、失敗……要克服弱點，戰勝困難，就必須超越自己，只有超越自己，才會有成功。從頑童到成人，從戰士到將軍，從員工到經理，不就是不斷超越自己的有力憑證嗎？

人們常說，自卑是成功面前最後一堵高牆。當你感覺什麼都做到了，但還沒有成功時，你是否埋怨過自己的無能，並失去了自信。那時也許你認爲離成功很遠，永遠都不會實現。但也許那時你和成功只是一步之差，是在你自卑的時候，成功和你擦肩而過的。

有人說懶惰是附在人身上的魔鬼，但它也不是不可戰勝的，關鍵也是超越自己。勤奮是成功之母，超越懶惰便獲得勤奮，獲得勤奮便會獲得成功。

司馬遷在受辱的情況下發憤圖強，勤奮著述，才有了不朽的歷史名著《史記》；李時珍幾十年如一日的苦苦鑽研，才有了造福人類的大型藥典《本草綱目》……懶惰讓人一事無成，勤奮使人有所作爲，關鍵是超越自己。

家庭的貧窮並不可怕，可怕的是心靈的貧窮。多少有作爲的人不都是貧寒出身的嗎？因爲他們超越了自己的困境。

人生的道路原本就佈滿荊棘，唯有攀越苦難的高山才能發現甘泉的契機，也唯有經歷過浴血奮戰的鍛煉才能孕育堅韌的生命力。

所以，即使有小小的挫折或不如意，也絕不輕易被擊敗。

相反的，受不了挫折的人平常就習慣以負面角度來思考事情，只要吃了點苦頭就會急著喊「我受不了」這類的洩氣話，而最終事實的演變往往隨其所願被現實擊垮，再也爬不起來。

仔細想一想，世界上誰能稱心一輩子而毫無困難與壓力呢？不論兒童或成年人、名人或偉人，只要你一天在世間中奮鬥，自然就有不得不忍耐的事也必定會有你氣憤的狀況及糾紛發生。

命運掌握在勤勤懇懇的人手上，所謂的成功正是這些人的智慧和勤勞的結果。即使你的智力比別人稍微差一些，你的勤奮也會彌補你的不足。

導師評語

超越是悲壯的，痛苦的，也是幸福的。超越是一種境界，是一種洗禮。每一次超越，都是生命的一次重鑄。只要超越自己，自信就會克服懦弱，勤奮就會帶來成功，堅強就會戰勝殘疾，刻苦就會打敗貧窮。如你想超越別人，那你就先超越自己吧！

23. 只要有決心，一定來得及

ㄓˇ ㄧㄠˋ ㄧㄡˇ ㄐㄩㄝˊ ㄒㄧㄣ，ㄧˊ ㄉㄧㄥˋ ㄌㄞˊ ㄉㄜ˙ ㄐㄧˊ

俄國文豪高爾基曾在《時鐘》一書中勉勵世人說：「讓整個一生都在追求中度過吧，如此一來，你在這一生裡，必定會擁有許許多多美好的時光。」

一個人，只要下定決心，努力去做，堅持自己的理想，採取正確的方法，日復一日去實踐，每一天都會成爲生命的轉折點。

「現在」這個詞對成功的妙用無窮，而「明天」、「下個禮拜」、「以後」、「將來的某一天」，往往就是「永遠做不到」的同義詞。有很多好計劃好想法沒有實現，就是因爲應該說「我現在就去做，馬上開始」的時候，卻說「我將來有一天才開始去做」。

下面是一則感人的故事，深刻的說明了，只要你有決心，一定來得及。

一天夜裡消防員埃里希接到一通電話，聽到一個十分激動的聲音說：「救命，救命啊！我站不起來！我的血在流！」「別慌，太太」，埃里希回答，「我們馬上就到，您在哪裡？」

可是對方並不知道自己在哪裡，甚至想不起自己的名字。

埃里希問：「請您告訴我，您能看到什麼東西？」

「我……我看到窗子，窗外，街上，有一盞路燈。」

好啊——埃里希想——她家面向大街，而且必定是在一棟不太高的樓

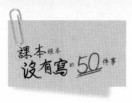

上，因為她看得見路燈。「窗戶是怎樣的？」他繼續查問，「是正方形的嗎？」

「不，是長方形的。」

那麼，一定是在一個舊區內。

「您點了燈嗎？」

「是的，燈亮著。」

埃里希還想問，但不再有聲音回答了。

必須趕快採取行動！但是該做什麼？埃里希打電話給上司，向他陳述案情。經過埃里希的努力上司終於同意他的做法。

十五分鐘後，二十輛消防車在城中發出響亮的警笛聲。埃里希經由電話聽到擴音機的聲音：「各位女士和先生，我們正在尋找一個生命有嚴重危險的婦女。我們知道她在一間有燈光的房間裡，請你們關掉你們的燈。」所有的窗戶都變黑了，只有一戶還亮著。過了一會兒，埃里希聽到消防隊員進入房間，而後一個聲音向對講機說：「這女人已失去知覺，但脈搏仍在跳動。我們立刻把她送到醫院。我相信有救。」

海倫・索恩達——這是那女人的名字——真的獲救了。她甦醒了，幾個星期後，也恢復了記憶。

千萬要記住，只要有決心，一切都還來得及。

莎士比亞曾在《特洛伊羅斯與克瑞西達》中說過：「堅持不懈的前進，才能保持榮譽；罷手不做，便會像一套久擱生銹的鎧甲，過時的式樣，會成爲世人揶揄的資料。」

導師評語

人生以精神貫注而立，大事以一線到底而成。對於下定決心的人來說，任何機遇、命數和運氣都無法阻撓或控制他那堅定的決心。不可能與可能之間的區別就在於一個人的決心。多數人之所以成功是因為他們決心要成功。儘管前方的路佈滿障礙，決心能讓你堅定的前進。

24. 意志改變生活

你是以怎樣的態度來應對困難的呢？當困難來臨的時候，你感到慌亂或是恐懼嗎？是猶豫還是逃避呢？你面對困難的時候，是否用推諉的態度呢？比如你會想「如果我能做的話，我一定做」，還是會以「試試看」的態度對付困難呢？

一個發生在二戰期間非常著名的實驗。實驗者是一名軍醫，而實驗對像則是一個即將被處死的俘虜。軍醫將俘虜的雙眼蒙住，綁在一張床上。軍醫在俘虜的手腕靜脈處扎入一支注射針頭，並接上一根導管，在床側放一個盆子，然後告訴俘虜說：「我們將放你的血，直到你流盡最後一滴血為止！」不一會兒，俘虜就聽到液體滴落在盆裡的聲音—嘀嗒，嘀嗒。一個小時過去了，兩個小時過去了……俘虜鎮定的心開始慌亂起來。後來神志就不怎麼清醒了，並漸漸的失去了知覺……兩天後，那個軍醫再觀察俘虜時，發現他已經死了。

其實，軍醫並沒有放俘虜的血，那根導管的另一端是封閉的。那種液體滴在盆裡的嘀嗒聲，是由一個底部有小孔的容器裝水讓其滴落在盆中發出的。俘虜的死是在於其求生的慾望和意志，已被那誤以爲是血滴在盆中的一直持續不斷的嘀嗒聲消磨殆盡。

其實，人的意力有著極大的力量，它能克服一切困難，不論所經歷的時間有多長，付出的代價有多大，無堅不摧的意志力終能幫助人達到成功。

一個能掌控自己意志力的人，是具有推動社會的偉大力量的。這種巨大的力量可以幫助他實現他的期待，達到他的目標。如果一個人的意志力堅硬得跟鑽石一樣，並以這種意志力引導自己朝著目標前進，那他所面對的一切困難都會迎刃而解。

美國東海岸的一位商人知道自己喝酒太多，然而他從事的是一種很煩人的工作，而在進餐前喝幾杯葡萄酒似乎能讓人緊張的心情得到放鬆。但酒和累人的活又使得他昏昏欲睡，因此常常一喝完酒便呼呼大睡。有一天，這位經理意識到自己是在借酒消愁，浪費時光。於是他決定不再貪杯，而是把更多的時間用在兒女身上。剛開始時很不容易，常常想起那香氣四溢的葡萄酒，但他告誡自己現在所做的事將有所得而不是有所失。後來的事實證明，他越是關心家庭和子女，工作起來的幹勁也就越大。

主動的意志力能讓你克服惰性，把注意力集中於未來。在遇到阻力時，想像自己在克服它之後的快樂。積極投身於實現自己目標的具體實踐中，你就能堅持到底。

導師評語

正如巴爾扎克所說：「挫折就像一塊石頭，對於弱者來說是絆腳石，對於強者來說是墊腳石。」

25. 學會先人一步

ㄒㄩㄝˊ ㄏㄨㄟˋ ㄒㄧㄢ ㄖㄣˊ ㄧˊ ㄅㄨˋ

面對緊閉的成功之門，失敗者懷著恐懼與惶惑的心情，在門外等候；奮鬥者卻積極主動，立即上前推門。

先人一步者，總能獲得主動，佔領有利位置。的確，機會很重要，但對機會的反應同樣重要。當機會來臨時，反應敏捷的人是先人一步抓住機遇。因爲機會不等人，稍縱即逝，同時機會對別人也是公平的。

傳說有一位商人，帶著兩袋大蒜，騎著駱駝，一路跋涉到了遙遠的阿拉伯。那裡的人們從沒有見過大蒜，更想不到世界上還有味道這麼好的東西，因此，他們用當地最熱情的方式款待了這位聰明的商人，臨別時贈與他兩袋金子作為酬謝。

另有一位商人聽說了這件事後，不禁為之動心，他想：蔥的味道不也很好嗎？於是他帶著蔥來到了那個地方。那裡的人們同樣沒有見過蔥，甚至覺得蔥的味道比大蒜的味道還要好！他們更加盛情地款待了商人，並且一致認為，用金子遠不能表達他們對這位遠道而來的客人的感激之情，經過再三商討，他們決定贈與這位朋友兩袋大蒜！生活往往就是這樣，你搶先一步，佔盡先機，得到的是金子；而你步人後塵，東施效顰，得到的可能就是大蒜！

機遇，對每個人來說，應該是平等的，但爲什麼有人捕捉不到，有人捕

捉得到？關鍵在於：你是不是抓住了捕捉機遇的關鍵。猶如狩獵，等了很久，獵物來了，你卻放空槍，只能眼睜睜看著獵物逃走。捕捉獵物的本領，就是及時抓住機遇。同樣發現了機遇，有的人能夠牢牢抓住，有的人卻眼睜睜地看著機遇溜走。

有這樣一個故事：三個人一起散步，其中一個忽然發現前方有一枚閃閃發光的金幣，眼神頓時凝結了！幾乎同時，另一個人大叫起來：「金幣。」話音未落，第三個人已經俯身把金幣撿到自己手裡。這個故事告訴我們：在機遇面前，眼快嘴快都不如手快。生活中有不少人發現了機遇，但是沒有立即透過行動去抓住機遇，最終與沒有發現機遇一樣。

有很多成功的大企業家並沒有學過經濟學，他們成功的關鍵就在於行動快：一旦發現機遇，就能把機遇牢牢地「抓」在手中！分析成功者的特點，可以得出這樣的結論：如果將他們的成功歸結於深思熟慮的能力和高瞻遠矚的思想，那就失之片面了。他們真正的才能在於他們審時度勢後付諸行動的速度。這才是他們最了不起的，這才是使他們出類拔萃、位居事業界最高、最難職位的原因。現在就做，馬上行動是他們的口頭禪。

那些因懼怕犯錯而不敢挪動腳步的人。害怕變化風險，總是等待情況確定之後再行動的人，那些站在泳池邊，直到人們把他推下水才肯游泳的人，永遠不會到達勝利的彼岸。

導師評語

在任何情形下，都要保持清醒的頭腦和正確的判斷力，在別人驚慌失措時仍然保持鎮靜，在別人荒唐不經時仍然知道自己該做什麼，學會先人一步，只有這樣才能成就大事。

努力，並不一定成功；
但放棄，則一定會失敗。

訂正

沒有問題的時候，往往隱藏著巨大的問題

在戰爭中，重大事件常常就是小事所造成的後果。

——凱撒大帝

26. 沒有問題的地方只有墳墓

只要活著，就會遭遇到問題。問題愈多則表示人生愈充實，所以遇到問題應該高興才對。許多事例證明，在一般情況下，發現問題比解決問題更重要，因爲發現問題是一種創新。只有能夠找出事情背後隱藏的問題，才能化險爲夷。當你覺得都沒有問題的時候若不是你太自滿或不願去面對問題，就是像下面這則故事所說。

有一天，喬治向他的朋友訴苦。他的朋友問他：「喬治，你到底有何不如意呢？還是被什麼煩惱的問題所困惑呢？」

結果喬治激動的回答：「問題！問題！除了問題之外還是問題，我對問題已經厭煩了。我真希望能從一連串的問題中解脫出來。」

他的朋友對他說：「我瞭解，喬治，我去過某地，那兒的管理員對我說：『這裡大約住有十萬人，但是裡面從來就沒有一個人抱怨有問題。』」

喬治很興奮的說：「對！就是那裡，你就快把我帶到那裡去吧！」

「知道了，可是那是個墳墓！」

當然，墳墓中的人怎麼會有什麼問題呢？對安穩的躲在墓中的人而言，人生的反覆無常和重重劫難，已然過去。他們不再辛勞，只是永恆的在那裡休息，與世人每天從報刊上和電視中所看到聽到的一切，均已無關。他們雖然沒有任何苦惱，可是他們卻失去了最寶貴的生命。

外國人說「自滿是危機之母」，因爲自滿的人，必定故步自封，所以成就停滯不前。自滿一般來自自信，信心足不是壞事，但一旦過了頭就變成偏執，從而意驕志滿，自詡天下第一，位低者自把自爲，位高者自專自用，凡事自命不凡，不肯自我反省，遇事就粉飾太平。殊不知沒有問題的時候，往往隱藏著巨大的問題。

諸葛亮平定南中之後，到了祁山，決定派出一支人馬去佔領街亭（今甘肅莊浪東南），作為據點。於是派馬謖和王平帶領人馬去了街亭。

馬謖看了地形，對王平說：「這一帶地形險要，街亭旁邊有座山，正好在山上紮營，設計埋伏。」王平提醒他說：「丞相臨走的時候囑咐過，要堅守城池，穩紮營壘。在山上紮營太冒險。」馬謖根本不聽王平的勸告，堅持要在山上紮營。

張郃率領魏軍趕到街亭，看到馬謖放棄現成的城池不守，卻把人馬駐紮在山上，暗暗高興，馬上吩咐手下將士，在山下築好營壘，把馬謖紮營的那座山圍困起來，並切斷了山上的水源。張郃看準時機，發起總攻，蜀軍兵士紛紛逃散。

街亭失守。蜀軍失去了重要的據點，又喪失了不少人馬。諸葛亮最後揮淚斬馬謖。

沒有問題的安逸如同沒有引爆的地雷一樣危險。只有躺在墳墓裡的人才沒有問題。因爲只要有問題，就有存活的希望，只要敢於正視問題和解決問題，就可以前行。

導師評語

俗話說：「人生十有八九是不如意的。」所以，在工作和生活中，一個人怎麼可能會沒有什麼問題呢，沒有問題恐怕就是最大的問題。

27. 要有問題意識

一ㄠˋ 一ㄡˇ ㄨㄣˋ ㄊㄧˊ 一ˋ ㄕˋ

亞里士多德曾說過，思維是從疑問和驚奇開始的。

在處理、解決問題時，最重要的是首先發現問題的存在，找到問題的所在。因為如果都沒有意識到問題的存在，那麼也就無從談起提出問題、解決問題了。

所謂問題意識，是指人們在認識活動中，經常意識到一些難以解決或疑惑的實際問題及理論問題，並產生一種懷疑、困惑、焦慮、探索的心理狀態，這種心理又驅使人積極思維，不斷提出問題和解決問題。思維的這種問題性心理特質，稱爲問題意識。問題意識在思維過程和科學創新活動中佔有非常重要的地位。

維特根斯坦是劍橋大學著名哲學家穆爾的學生。有一天，著名哲學家羅素問穆爾：「你最好的學生是誰？」穆爾毫不猶豫的說：「維特根斯坦。」「為什麼？」「因為在所有的學生中，只有他一個人在聽課時總是露出一副茫然的神色，而且總是有問不完的問題。」後來，維特根斯坦的名氣超過了羅素。有人問：「羅素為什麼會落伍？」維特根斯坦說：「因為他沒有問題了。」

可見，問題意識對於一個人的成功是多麼的重要！工作的過程，就是不斷發現問題、提出問題、解決問題的過程。

問題意識不僅展現了思維特質的活躍性和深刻性，也反映了思維的獨立性和創造性。強烈的問題意識，作爲思維的動力，促使人們去發現問題，解決問題，直至進行新的發現。

一般來說，顯而易見的問題無需發現，難以發現的是蘊含在習以爲常現象背後的問題。所以，發現表現爲意識到某種現象的隱蔽未解之處，意識到尋常現象中的非常之處。

從這個意義上說，發現問題是解決問題的關鍵，發現問題是創新的起點和開端。正因爲如此，心理學理論中一個極其重要的觀點是：科學上很多重大發明與創新，與其說是問題的解決者促成的，毋寧說是問題的尋求者促成的。近代英國科學哲學家KR波普爾說：「科學只能從問題開始，科學知識的增長永遠始於問題，終於問題：越來越深化的問題、越來越能觸發新問題的問題。」

導師評語

早在兩千多年前，孔子就要求自己和學生「每事問」，他高度評價問題的價值及意義，認為「疑是思之始，學之端」。理學大師朱熹也說過：「讀書無疑者，須教有疑，有疑者卻要無疑，到這裡方是長進。」這是對學習中的問題意識科學辯證的闡述。

宋代的著名學者陸九淵的觀點則更精闢，他說：「為學患無疑，疑則有進，小疑則小進，大疑則大進。」這是對問題意識作用的充分肯定。近代著名教育家陶行知在一首詩裡寫道：「發明千千萬，起點是一問。禽獸不如人，過在不會問。智者問得巧，愚者問得笨。人力勝天工，只在每事問。」

28. 自滿十事九空

俗話說：虛心萬事能成，自滿十事九空。一個人、一個地方、一個單位如果自滿，就會像一只裝滿水的杯子，再也裝不下別的東西。要實現新發展，必須堅決拋掉過去成績和榮譽的包袱，虛心以待，一切從零開始，樹立「天無盡頭，業無止境」的思想，以永不滿足、永不懈怠的精神開創新的發展局面。

「驕傲使人落後」，似乎是人人耳熟能詳的淺顯道理，但也是人最容易犯的錯誤之一。驕傲自滿，會使人以鼠目寸光的短見、坐井觀天的偏見、拘守框框的成見看待事物，無法把握事物的實質、全貌和發展趨勢，只看成績、不看不足，只見順利、不見困難，只知過去、不知將來，安而忘危、樂而忘憂，故步自封、不思進取。大到一個國家，小到一個地區、一個部門、一個人，產生了自滿情緒，就必然會栽跟頭、吃苦頭。這是因爲一旦產生自滿情緒，反映在思想上，就是不思進取，反映在行動上，就是鬆懈疲沓，最終喪失難得的發展機遇，導致落伍的後果。在你沉醉滿足、麻痺大意、猶豫觀望的時候，正是別人超越你的時候。同時，優勢只是相對的而不是絕對的，只有永不知足持續努力，才能跑在別人前面，甚至可能後來居上。

有一次，孔子帶著幾個學生到廟裡去祭祀，剛進廟門就看見座位上放著一個引人注目的器具，據說這是一種盛酒的祭器。學生們看了覺得新奇，紛紛提出疑問。孔子沒有回答，卻問寺廟裡的人：「請問您，這是什麼器具啊？」守廟的人一見這人謙虛有禮，也恭敬的說：「夫子，這是放在座位右邊的器具呀！」於是孔子仔細端詳著那器具，口中不斷重複念著：「座右」、「座右」，然後對學生們說：「放在座位右邊的器具，當它空著的時候是傾斜的，裝一半水時，就變正了，而裝滿水呢，它就會傾覆。」聽了老師的話，學生們都以驚異的目光看著他，然後又看著那新奇的器具。孔子看出大家的心思，和藹的問大家：「你們有點不相信是嗎？咱們就提點水放到器具裡試試吧！」說著學生們就打來了水。往器具裡倒了一半水時，那器具果然就正了。孔子立刻對他們說：「看見了吧，這不是正了嗎？」大家點點頭。他又讓學生繼續往器具裡倒水，器具中剛裝滿了水就傾倒了。孔子趕忙告訴他們：「傾倒是因為水滿所致啊！」

子路率先發問：「難道沒辦法讓它不傾倒嗎？」孔子深深的望了大家一

眼，語重心長的說：「世上絕頂聰明的人，應當用持重（舉動謹慎穩重）保持自己的聰明；功譽天下的人，應當用謙虛保持他的功勞；勇敢無雙的人，應當用謹慎保持他的本領……這就是說要用退讓的辦法來減少自滿。」學生們聽了這含義深刻的話語都被深深的打動了。

在現實生活中，自滿是最難克服的。只要我們稍不留神、稍一鬆懈，它就會乘虛而入。受到的表揚多了、取得的成績大了、選擇的競爭對象能力降低了、追求不再強烈了等等，都是自滿容易滋生的溫床。「思所以危則安，思所以亂則治，思所以亡則存」，居安思危才能清除盲目自滿的思想障礙。

導師評語

當然，與先進進行比較，強調增強緊迫感危機感，決不是妄自菲薄，把以前的成績一概抹殺，而是要對現實情況有一個正確的判斷，從而在工作中既謙虛謹慎、戒驕戒躁，正視差距和不足，善於學習先進經驗；又始終保持良好的精神狀態，保持積極進取的創新精神，在新的水平上把工作做得更好。

29. 無知的智慧

在古代科學文化巔峰的雅典，哲學家蘇格拉底被視爲「最有智慧的人」。然而面對如此的讚譽，這位哲學家卻冷冰冰的回應說：我只知道我一無所知。他向人們解釋說，如果說他的智慧有什麼與眾不同的話，那就是他知道自己的無知，而其他人雖然也與他一樣的無知，但卻不知道自己的無知。我們把蘇格拉底式的智慧稱爲「自知無知」的智慧。

人們在潛意識裡把人類知識的積累視爲一個圓圈(已知域)，在一個更大的閉合圓圈(未知域)內不斷擴張的過程。根據這種觀念，自然形成一種認知：所知越多，未知越少。但實際上，人類未知領域並不是一個閉合的圓圈，而是一個在水平方向和縱向深度上、甚至可能是開放型的無限空間。人類知識的積累實際上是在這個無限廣闊的空間裡不斷向更廣闊的空間的延伸。無論對人類整體還是對每個個體而言，知識的增長都不僅意味著所知更多，也意味著所面臨的未知領域更大。這樣，人類的認知活動便不斷把人推向一個尷尬的處境：所知越多，越覺無知。所以，如果用「未知更多」或許比用「所知更多」能更準確地衡量人類整體或某一個體的知識層次。

人類知識的不確定性，需要我們時時警覺。我們已有的知識，是我們爲探索未知領域而預設的前提。沒有這些預設的前提，我們便無法摸索前行，但這些前提大部分仍屬於半真理、假設、勉強的解釋或是某種方便之說。這就需要我們不斷反思和檢討：我們假設爲已知的出發點可靠嗎？我們所以爲依據的知識不需要修正嗎？

在人類思想史上，總是有人站出來，宣稱自己徹底揭開了宇宙和人類的奧秘，發現了真正的「規律」等等。這種淺薄和狂傲只是給後人留下了笑柄。人類迄今還不到二百萬年的歷史，想到人類或許還有的漫長的精神生命，我們沒有理由對今天取得的任何成果感到得意。未來的人類回頭看我們，也許如同我們看北京猿人和山頂洞人一般。他們或許善意地承認我們比北京猿人進化了一步，但對我們的自信與狂傲只會一笑置之。

諾貝爾獎金獲得者、自由主義大師哈耶克是當代少有的深得「蘇格拉底式智慧」真傳的學者之一。蘇格拉底的基本觀念「承認我們的無知，乃是開啓智慧之母」，被他作爲理解和認識社會的首要條件。所以他提倡一種「無知」的知識觀，而非「知」的知識觀。

所以，具有無知之智的人，會以富於彈性的態度，不斷反省自己，隨時準備放棄自己原有的見解和信念；會以開放的胸襟，隨時準備接受新的知識和見解，或以寬容的態度、同情的理解，對待他人的信念和生活方式。在與他人的交往和交流中，他會以低姿態進入，以虛空的狀態、零位狀態、甚至負位狀態進入。他習慣於以存疑的方式、有保留的方式表達自己的見解，如果需要拿出一個結論，他提出的往往是暫時的結論、或然性的結論、有時乾脆是沒有結論的結論，從而敞開著繼續探討的大門……

導師評語

面對自知無知的態度，人們往往淺薄的讚歎其謙虛，或以為是為了博得謙虛的美譽而廉價的自我貶抑。人們不懂得，自知無知不是謙虛，而是誠實；不是廉價的自我貶抑，而是自知之明的自然表露；不是一個人的美德，而是最起碼的教養。

30. 居(ㄐㄩ)安(ㄢ)思(ㄙ)危(ㄨㄟˊ)，要(ㄧㄠˋ)有(ㄧㄡˇ)憂(ㄧㄡ)患(ㄏㄨㄢˋ)意(ㄧˋ)識(ㄕˋ)

晴空萬里尤須提防暴雨，風平浪靜也要警惕暗湧；風調雨順仍要囤積糧草，烽火盡熄不敢放馬南山；承平之際往往潛伏著敗亡之因，繁榮之時可能醞釀著衰退之機。這些自然的、社會的、政治的常識，就是古人「爲之於未有，治之於未亂」所要揭示的道理。晚唐詩人杜荀鶴有一首極富哲理的短詩《涇溪》：「涇溪石險人兢慎，終歲不聞傾覆人。卻是平流無石處，時時聞說有沉淪。」「涇溪石險」之處，自然要小心翼翼，要「兢慎」，因此也就

「不聞傾覆人」了；而「平流無石」之處，往往容易鬆懈麻痺，「沉淪」之災也就在所難免。

有這樣一個有趣而令人深思的實驗，把一隻青蛙冷不防扔進滾燙的油鍋裡，青蛙能出人意料的一躍而出，逃離險境。然後又把同一隻青蛙放在逐漸加熱的水鍋裡，這次它感到舒服愜意，以致意識到危險來臨時卻欲躍乏力，最終葬身鍋底。

由這個實驗我們可以看出，青蛙對眼前的危險反映敏感，對還沒有到來的危險反應遲鈍。由此我想到了人，其實人在這方面也是如此，正如孟子所說的：「生於憂患，死於安樂。」

憂患意識源於自覺的危機感、緊迫感、責任感和使命感，它會表現出堅強意志和奮發精神。憂患意識表現出的是社會主體的一種精神自覺，是這種主體對改造世界的一種強烈的責任感和能動性。它因此而成爲重要的精神動力。

人生旅途中，逆境催人警醒，激人奮進，而安逸優越的環境卻消磨人的意志，使人耽於安樂，盡享舒適，常常一事無成。有的人甚至在安逸之時沉溺酒色，自我毀滅。這與青蛙臨難時的奮起一躍和溫水中的臥以待斃是何其相似。

「生於憂患」是千古不變的名言，春秋時越王勾踐臥薪嘗膽的故事是最好的例子。那時，勾踐屈服求和，卑身事吳，臥薪嘗膽，又經「十年生聚，十年數訓」，終於轉弱爲強，起兵滅掉吳國，成爲一代霸主。

勾踐何能得以復國？這是亡國之辱的憂患使他發憤、催他奮起的結果。這說明，當困難重重、欲退無路時，人們常常能顯現出非凡的毅力，發揮出意想不到的潛能，拚死殺出重圍，開拓出一條生路。

難能可貴的是，要在太平盛世、安定祥和的時候，真正用心去洞察並預見那些危機危難的誘因和苗頭。這些誘因和苗頭是很難被發現的，特別是當它們正處在細微的時候。因此，當有了生路，有了安逸之後，人們卻往往因不能很好的掌控，而「死於安樂」。

導師評語

憂患意識源於自覺的危機感、緊迫感、責任感和使命感，它會表現出堅強意志和奮發精神。俗話說：「禍兮福之所倚，福兮禍之所伏。」人們要有未雨綢繆，防患未然的自覺意識。

31. 善於思考才能解決問題

有一位哲人說過這樣一句富有哲理的話：這個世界不缺能幹活的人，缺的是會思考的人。

所有的計劃、目標和成就，都是思考的產物。爲什麼有的人成就了偉業，有的人卻碌碌無爲一輩子？其實，成功的機會無處不在，只是她更青睞於善於思考的人。別人成功了，我們卻沒有，並不是別人運氣好，而是他們善於思考，對這個世界多了份觀察，對自己的生活多了份思考。

解決問題能力比較強的人都特別善於思考。思考是成長的唯一方法，思考是人類作爲高級動物的特徵。優秀的人經常面對問題去思考，在思考中得到成長，在思考中找到工作的方法，在思考中領悟工作的快樂，解決問題的能力也在思考中得到進一步的提升。

有一天下雨，三個人在一間破房子裡面避雨。一隻蜘蛛在斷牆處結網，因為遭受風雨的襲擊，它的網已支離破碎。大雨剛過，這隻蜘蛛向牆上的網艱難的爬去。由於牆壁潮濕，它爬到一定的高度就會掉下來。他一次次的向上爬，一次次的掉下來。

看到蜘蛛爬上去又掉下來的情景，三個人都有了自己的觀點。

第一個人看到後，自言自語的說：「哎，我的一生不正如這隻蜘蛛嗎？雖然一直都在忙忙碌碌，但結果卻是一無所得。看來我的命運和這隻蜘蛛一樣也是無法改變的。」於是，他繼續沉迷於頹廢之中，日漸消沉。

第二個人在一旁靜靜的看了一會兒，說道：「這隻蜘蛛真愚蠢，為什麼不從旁邊乾燥的地方繞一下爬上去呢？以後再遇到問題我一定要用頭腦認真思考，不能一味的埋頭苦幹。」從此，他變得聰明起來了。

第三個人專注的看著屢敗屢戰的蜘蛛，他的心靈為之深深的震撼了，他在想：「一隻小小的蜘蛛竟然有如此執著而頑強的精神，有這樣的精神就一定可以取得成功！」受這隻蜘蛛的啟發，他從此堅強無比。

當然，成功不是唾手可得的，也不是胡思亂想就能得到的。真正的思考是一件很痛苦的事情。須知，思考的果實雖甜，但思考的過程卻很苦。苦就苦在思考需要大量調查研究，掌握第一手資料，需要堅持不懈的總結積累經驗，需要博覽群書不斷「充電」……而要做到這些，無不需要耐得住寂寞，需要「鬧」中守靜，放棄安逸的念頭，犧牲許多娛樂，有時還要精簡交往，壓縮一切不必要的應酬。另外，思考也貴在堅持，貴在於「勤」，要多思考，常思考，養成勤思考的習慣。一番「痛苦」過後，一天天的領悟，終會在某一天頓悟，品得甜美的果實。

因此，我們在生活中要善於思考，遇到事情要勤於思考，特別是一些別人解決不了的問題，我們可以換個思路去解決；別人不敢做的事情，我們要鼓起勇氣去做；別人想不到的事情，我們要努力想到並實現。「只有想不到，沒有做不到」，這句話雖然有點誇張，但從某種角度講，也有一定的道理。這個世界上沒有跨不過去的坎，關鍵看你如何走。這個世界上沒有解不開的結，關鍵是看你以何種方式解。

導師評語

善於思考的人是永遠不會被困難嚇倒的，即使前面荊棘叢生，他們也能披荊斬棘；即使前面泥濘滿路，他們也能風雨兼程。

32. 勇敢的面對問題

要堅信，有問題就一定有解決的方法。解決問題必然需要進行艱苦的思考，花費不少的資源和時間，當這樣的付出不能立刻收到回報時，人們就經常會聽任問題發展，或者「忘記了」問題的存在。有問題要積極主動的去面對，有問題沒什麼大不了的，想辦法去解決就是了。

解決問題需要有一個積極的心態。如果被動的、勉爲其難的去解決問題，實際上內心深處並不相信自己能解決它們，那就很難有足夠的決心堅持到底。沒過多久，就又會回到抱怨、推脫的原點上去。比如發這些牢騷：「我怎麼會碰到這麼倒霉的事？」「爲什麼他們要爲難我？」「爲什麼不多給我一些時間？」「爲什麼不多指導我？」「行銷部爲什麼不給我們更多的支持？」

只有積極的心態才能引領你真正的解決問題。這個心態就是面對問題時要放鬆，然後欣然迎接挑戰。

一個星期天的午後，十二歲的史黛西和當過飛行員的父親登上了賽斯納單引擎飛機，準備一起享受飛行的樂趣。飛機起飛後不久，他們就來到了密西根湖上空。但是，這趟愉快的父女探險被一件突如其來的意外打斷了——引擎熄火了。

為了重新發動引擎，他們需要具有更快的空中速度。父親對史黛西說，他將駕駛飛機向下俯衝，同時會不斷敲擊機艙中的引擎發動開關，以嘗試再次發動引擎。這意味著，飛機將朝著冰冷的、深不見底的密歇根湖水直衝下去！

史黛西立即點頭同意父親的做法。於是，父親讓飛機進入了俯衝狀態，並拚命按著引擎開關，可是情況依舊。飛機越來越接近水面。他說：「史黛西，抓牢嘍！我們再試一次吧！」他們又一次向下俯衝，隨著飛機速度逐漸加快，父親再次猛按開關。這次引擎發動了！

二十分鐘後，他們安全著陸。就在那時，這位「泰山崩頂而面不改色」的父親，這位無所畏懼的大丈夫，轉頭看著他十二歲的女兒，慈愛的輕輕拍著她的肩膀，說道：「聽好啦，小甜心，你愛做什麼都行，就是別告訴你媽媽！」

史黛西和她父親碰到的倒霉事，可比我們平常遇到的困難要可怕上百倍。然而，這位飛行員父親的做法，是以行動解決問題。如果他不是積極想辦法，而是把時間花在無謂的拖延、牢騷與抱怨上，比如對著天空大喊：「天吶！我以前可從來沒有碰到過這種情況呀！」或是「我們爲什麼會碰到這麼倒霉的事？」結局可能就會大不相同了。

面對問題的心態是否正確，便決定心智的運作是否有效，就像一個人背對著太陽，不論走多遠、跑多快他都見不到陽光，因此想要提高解決問題的能力，首要的便是端正心態，勇敢的面對問題。

導師評語

在著名的電影《浴火赤子情》中，描述到一位老消防隊員在提醒新的隊員，進入火災現場時，由於火勢強大許多人會直覺的轉身背對著火，這樣的危險性反而更大，如果想滅火，就必須盯住火看，在晃動的火焰中，便會找到火的根源，這樣才能有效滅火。

33. 自信——發揮主觀能動性的閘門

人們常常把自信比作「發揮主觀能動性的閘門，啓動聰明才智的馬達」，這是很有道理的。自信可使你充分發揮潛能，可使你獲得成功，可以讓你創造奇跡，成就輝煌。

我們在做每件事時，都應該抱著「我一定行」的自信態度，不管你做得好與壞，你都應該相信自己一定可以，這樣你才能做好，如果你沒做這件事之前就認爲你一定做不好或乾脆認爲自己不會做，那你的人生觀就太消極了，任何成功都是在你的嘗試之中取得的，這也猶如我們學習騎車，在一次次跌跤之後才掌握了真正的技巧。

古往今來的成功人士，不是由於他們有超凡的智能才取得傲人的成績，而是由於堅持相信自己行，靠自己堅定的自信和進取精神，才發揮了超凡的智能。一個人可能渺小，也可能偉大，這就取決於我們對自己的認識和評價，取決於我們的心態如何，取決於我們能否靠自己去奮鬥。面對人生逆境或困境時所持的信念，遠比任何事都重要得多。

小澤征爾是世界著名的交響樂指揮家。在一次世界優秀指揮家大賽的決賽中，他按照評審委會給的樂譜指揮演奏，他敏銳的發現了不和諧的聲音。起初，他以為是樂隊演奏出了差錯，就停下來重新演奏，但還是不對。他覺得是樂譜有問題。這時，在場的作曲家和評審委會的權威人士堅持說樂譜絕對沒有問題，是他錯了。面對一群音樂大師和權威人士，他思考再三，最後斬釘截鐵的大聲說：「不！一定是樂譜錯了！」話音剛落，評審席上的評審們立即站起來，報以熱烈的掌聲，祝賀他大賽奪魁。

原來，這是評審們精心設計的「圈套」，以此來測驗指揮家在發現樂譜錯誤並遭到權威人士「否定」的情況下，能否堅持自己的正確主張。前兩位參加決賽的指揮家雖然也發現了錯誤，但終因隨聲附和權威們的意見而被淘汰。小澤征爾卻因充滿自信而摘取了世界指揮家大賽的桂冠。

出色源於自信，自信使我們充滿勇氣和激情。擁有自信，就沒有什麼困難可以讓我們屈服；擁有自信，就可以發現我們自身的寶藏，變平庸爲神奇。有了自信，任何人都能變得很出色。自信是人類由平凡走向非凡的驅動力，是人生奮發向上的激情之源。

自信，並非意味著不費吹灰之力就能獲得成功，而是說以一種樂觀的心態，在戰略上藐視困難，戰術上重視困難，從大處著眼、小處動手，腳踏實地、鍥而不捨的奮鬥拚搏，紮紮實實的做好每一件事，戰勝每一個困難，從一次次勝利和成功的喜悅中肯定自己，不斷的突破自卑的羈絆。

有的人在生活中很被動，只有當要求他做什麼，他才去做什麼，而且做完之後便無所事事，閒暇時間被一些無聊的休閒活動所充塞，如聊天、上網、逛街、看電視、睡覺等等。他們很少去考慮將來，只是消極地去等待將會到來的幸運或厄運。而另外一類人生活得就很主動，他們不但做好被要求做到的事情，而且在閒暇時間「沒事找事」，主動去接近對自己有益的人和事物，尋找各種機會豐富自己。他們的眼睛不僅僅看到現在，也積極地關注未來，並且把關注轉化爲行動，透過增長見識和提高才能來掌握命運。相比之下，後者生活得更充實，未來的發展會更順利。

導師評語

因此，最好讓自己的閒暇時間充實一點，盡可能的去做各種有助於自己發展的事情，維持供給自己信心的資源永不枯竭。

訂正

停止抱怨吧，生活其實很美好

生命苦短，這既不能阻止我們享受生活的樂趣，也不會使我們因其充滿艱辛而慶幸其短暫。

——沃維納格

34. 放（ㄈㄤˋ）下（ㄒㄧㄚˋ）抱（ㄅㄠˋ）怨（ㄩㄢˋ）

別抱怨我們失去的太多，得到的太少，只因爲我們看不到陽光，只看到烏雲和風暴；別抱怨我們重複著每一天，生活像一座牢房，只因爲我們不懂得快樂；要用心去尋找，大自然本是一座花園，生活本是一所天堂，別嫌世界太吵，我們先得讓心靈靜噪，別嫌生活太枯燥，我們付出的實在太少。

一位朋友住在佛羅里達海岸附近，距離肯尼迪航空中心非常近。有人問他：「住在海邊，還能經常觀看發射航空飛機，一定非常有意思吧？」

「我從來沒有去過海灘。」他回答，「我甚至懶得邁出家門去觀看發射航空飛機。」

「你在開玩笑吧？為什麼？」那人不解地問。

「我已經看過很多次了，沒什麼好稀奇的。」

生活中，也是如此：有很多我們熟悉和親近的人，我們幾乎天天都能見到他們。當我們天天能見到他們的時候，我們就慢慢的忽略他們；當我們忽略他們的時候，我們就很少再去欣賞他們；當我們很少欣賞他們的時候，我們就很少感激他們；當我們不再感激他們的時候，我們就開始抱怨他們。

時常聽到一些朋友滿腹的牢騷：爲什麼現在的房價這麼高？爲什麼我們的加班費這麼低？現在的孩子怎麼這樣？某某怎麼這樣不講理？等等。最後，得出的結論是：生活真沒意思。

曾有一篇文章，說艾森豪威爾年輕時跟家人玩牌，總是拿到爛牌，就開始不高興的抱怨，媽媽嚴肅的對他說：「如果你要玩，就必須用你手中的牌玩下去，不管手中的牌怎麼樣！」母親又說：「人生也是如此，發牌的是上帝，不管怎樣的牌你都必須拿著，你能做的就是盡你的全力，求得最好的結果。」艾森豪威爾不忘母親的話，從未對生活抱怨，總是以積極樂觀的態度，迎接命運的每一次挑戰，盡己所能做好每一件事，從一個默默無聞的平民家庭走出去，一步步成為盟軍統帥，美國第三十四任總統。

人生如打牌，既然發牌權不在你手中，那麼你能做的只有用你手裡的牌打下去，並努力打好，除此之外別無選擇。抱怨有什麼用？抱怨生煩惱，煩惱傷身心。從生理上說，抱怨使代謝紊亂，情緒煩躁，血壓升高，食慾不振，對身體的損害是無疑的；從處世上論，抱怨令人思緒混亂，喪失冷靜，考慮欠周，辦事莽撞，時常說出不理智的話、辦出不冷靜的事來。損人又不利己，抱怨有害，害莫大焉。

抱怨囿於一種刻意比較的執著之心。在名利、地位、金錢、待遇上總是與比自己優秀的人比，越比越抱怨，越比越煩惱。客觀的說，抱怨和煩惱太多是自找的。倘若調整思路，反過來一比，就會心地坦然，神清氣爽，看天天藍，瞅地地闊，視路路平，世界多美好。

導師評語

抱怨，失去的不僅是快樂，還有朋友。誰都恐懼滿腹牢騷的人，怕自己受到傳染。失去了快樂和朋友，人生變得更艱難，所以抱怨的人繼續抱怨。放下就是快樂，放下抱怨，因為它是心裡很重又無價值的東西。

35. 別抱怨你的鞋子，跟我交換好嗎？

無論你覺得自己多麼不幸，這個世界上總會有人比你更加不幸；無論你覺得自己多麼了不起，這個世界上總有人比你更強。

正常人總把現有的一切想得理所當然，不珍惜手中所有，卻追逐自己所沒有的。

有很多人也許會抱怨自己的頭髮顏色、長短、髮質，約翰說，到癌症病房看看你就會打消自己的念頭，三年前的癌症經歷讓約翰經歷了化療，也看夠了化療之後頭髮完全脫落的情景。「永遠別抱怨」約翰對大家說。他天生患有嚴重殘疾，但他以拒絕死亡來挑戰醫學觀念。他沒有腿，也不依靠輪椅生活，卻形成了世界級的自尊、自信和自立。他拒絕向現實低頭，反而選擇堅強的活下去……這就是世界著名的激勵演講家約翰．庫緹斯。

「有多少人不喜歡自己的鞋子，請舉手。」他問道。約翰已經有了上千場的國際演講經歷，他顯然非常善於調動觀眾的情緒。當看到全場舉起了一堆手臂，約翰的眼神變得銳利起來，音調變得更加洪亮，他取出一雙骯髒的橡膠手套，高高舉過頭頂：「這就是我的鞋子，這就是我的鞋子。有誰願意和我換換？即使我擁有全世界的財富，也會願意和你換。現在還有誰抱怨自己的鞋子？」約翰用力的將「鞋子」扔到了角落，像是扔掉一個世界。

出生時，僅有礦泉水瓶那麼大，他的脊椎下部沒有發育，兩條腿細得像豆芽，根本沒有成型，既無法行走，也無法安裝義肢。十七歲時接受截肢手術，二十九歲時罹患癌症，一個出生時被醫生斷言活不過當天的殘疾人一直頑強生活到現在……

他從十二歲起就開始打室內板球。同時，他還是一位優秀的舉重運動員和輪椅橄欖球運動員。一九九四年約翰·庫緹斯成為了澳大利亞殘疾人網球賽的冠軍，並作為澳大利亞的板球隊的一員被邀請去南非旅行，有幸受到了南非總統納爾遜·曼德拉的接見。二〇〇〇年，約翰拿到來自澳大利亞體育機構的獎學金時，從競技體育中退役，為悉尼2000 Paralympics訓練，並在全國健康舉重比賽中排名第二。離開賽場後，約翰在四個主要的體育機構：板球、橄欖球聯盟、足球和橄欖球協會都取得了二級教練證書。他還能潛水，甚至還考出了駕照。

約翰·庫緹斯以超人的毅力生活、學習，一次次的挑戰自己，他對自己說：「沒有什麼不可能！」

約翰．庫緹斯問現場聽眾：「你們曾經設定過自己的人生目標嗎？」大部分的人舉起了手。他又問：「你們都將目標寫下來了嗎？」只有一半的人還舉著手。約翰．庫緹斯揮了揮大手，堅定的說：「把你的目標寫下來，然後去努力實現它。不要怕失敗。一百次摔倒，可以一百零一次的站起來；一千次摔倒，可以一千零一次的站起來，摔倒多少次沒關係，重要的是，你能站起來多少次。別人對我說，約翰，你什麼都不做也沒關係，你整天在家裡不做任何事都可以，沒有人會責怪你。但我說，我不可以。懶惰不是我的強項，我必須發揮我的優勢。」

約翰說：「我每天的目標是盡力做到最好。如果我每天能激勵哪怕一個人盡力做到最好、熱愛自己的生活而且喜歡自己的身份、接受並迎接前面的挑戰同時相信自己、昂首挺胸，那麼這就是美好的一天。一個人必須勇於面對，勇於嘗試，如果贏了，則贏了，如果輸了，就是輸了。不管怎樣都好過，你一屁股坐在家裡面，將一事無成！改變你生活中不想要的，利用對你合適的東西，享受奮鬥。熱愛你周圍的人並享受他們對你的愛，熱愛生活。」

同一片天空下，命運如此相差萬里，有若天壤之別。面對工作、生活中的種種困難，你是否也會因此而困惑、彷徨？面對這些情形，你是怨天尤人、得過且過，還是忽視艱辛、起而奮進？

導師評語

讓我們跟隨庫緹斯勇敢的心靈，喚醒沉睡的鬥志，與內心的魔鬼對抗，進一步向自己挑戰，鼓足勇氣做我們自己！讓我們以超強的自信心，迸發生命的激情與動力，克服生命的恐懼，快樂的享受生活，永遠別抱怨！

36. 抱怨不如改變

俗話說：「人生不如意事十常八九」。有人在不如意時只會一味抱怨，整天怨天尤人，於是他們終日鬱鬱寡歡、牢騷滿腹。而有人在不如意時不煩躁、不抱怨，平靜對待，努力改變，於是他的心裡時常懷著希望。

只要改變自己的態度，就能改變自己的生活。因爲，事實上並不存在不幸的情況，這只不過是由於自己的反應敏感而已。

很多人會在長途飛行忙於公務的生活中，在高級商務會議上以及緊張的談判桌上逐漸興旺發達起來。而另一些人卻在自己登上飛機之前，以狂飲威士忌來麻醉自己，相同的經歷，達到的卻是如此不同的人生境界。

一味抱怨的人常常只能在原地徘徊，自以爲是地咒罵眼前的「陰暗」，卻不知道那「陰暗」正是自己的影子。而努力去改變的人，總能用智慧發現機會把握機會，使本將是無奈的人生過得精彩而美好。以下一則故事，正好說明了這個道理——

有一個三口之家，家裡窮得什麼都沒有，兒子瘦得皮包骨，爸爸媽媽只好帶著孩子來到街口乞討。可過去了一整天都毫無收穫，小男孩餓得快暈倒了。爸爸媽媽非常著急，用比祈禱更虔誠的心央求上帝救救他們的兒子。於是，上帝派遣使者來到人間。使者對三個人說，我可以幫助你們每人實現一個願望，這一家人聽了將信將疑。先是孩子的媽媽迫不及待地對使者說：

「我要你為我們變出一車的麵包，我要讓我的兒子吃得飽飽的。」剛說完，眼前就真的出現了一車子的麵包。孩子的爸爸先是非常驚奇，轉而又非常生氣。不斷抱怨妻子沒頭腦，浪費這麼好的機會只換來一車廉價的麵包。當使者問他有什麼願望時，他很憤怒的說：「我不要這些廉價的麵包，請你將這個笨女人變成一頭蠢豬。」剛說完，麵包神奇地消失了，孩子的媽媽也真的變成了一頭豬。這可把孩子嚇壞了，他邊看著眼前的「豬」傷心哭泣，邊對使者說：「求求您，我不要豬，我要媽媽。」孩子的話音剛落，媽媽就真的變了回來。使者很無奈的說：「我已經給了你們希望，但就因為抱怨，你們把機會全都浪費了，」說完使者不見了。一家三口還是回到了使者出現前的狀態，沒有麵包沒有豬，孩子餓得直哭。

如果你只關注悲傷、絕望、被拋棄感，那只會成爲你的經歷。如果你關注希望、幸福、新的開始，那就會成爲你的現實。

你根本無法完全控制生活，因爲生活中有太多的變數。你真正能夠學著做的是，如何控制你對世界的反應。你應當隨著環境的變化而改變自己，始終開放地迎接世界的變化。要知道，環境是不可能隨著你的變化而變化的。你應當用自己的方式去接受你所能把握的機會，以及各種學習、成長和發展的機遇。

導師評語

與其在不如意時一味地抱怨，不如嘗試著去改變，改變自己、改變現狀，將生活變得如意起來。

37. 停止抱怨是快樂的開始

　　抱怨的人不見得不善良，但常常不受歡迎。他們以爲自己經歷了世界上最大的困難，卻忘記了聽他抱怨的人也有這些經歷。

　　抱怨之所以不可取在於：你抱怨，等於你往自己的鞋子裡倒水，使路更難行。困難是一回事，抱怨又是另外一回事。

　　抱怨的人認爲自己是強者，認爲自己懷才不遇，社會太不公平。抱怨不同於坦然承認失敗。敢於承認失敗的人，會贏得別人的尊重，人們如同看到一個傷痕纍纍的、神色平靜的勇士，如同英雄。人們本來同情弱者，但由於抱怨的人氣急敗壞，反而得不到別人的同情。

人們之所以傾心於那些樂觀的人，是傾心於他們表現出的超然。生活需要的信心、勇氣和信仰，樂觀的人都具備。他們在自己獲益的同時，又感染著別人。樂觀也包括豁達、堅韌，讓人覺得困難從來不是生活的障礙，而是勇氣的陪襯，和樂觀的人在一起，自己也得到了快樂。

托妮．莫里森是美國著名黑人女作家。在莫里森的少年時代，由於家境貧困，從十二歲開始，她每天放學後就要到別人家裡打幾個小時的零工，十分辛苦。一天，她因工作的事向父親發了幾句牢騷，父親聽後對她說：「聽著，你並不在那兒生活，你生活在這兒，在家裡，和你的親人在一起。只管去工作就行了，然後拿著錢回家。」

莫里森後來回憶說，從父親的這番話中，她領悟到了人生的四條經驗：一、無論什麼樣的工作都要做好，不是為了你的老闆，而是為了你自己；二、掌控你自己的工作，而不讓工作掌控你；三、你真正的生活是與你的家人在一起；四、你與你所做的工作是兩回事，你該是誰就是誰。

從那以後，莫里森又為形形色色的人工作過，有的很聰明，有的很愚蠢，有的心胸寬廣，有的小肚雞腸，但她從未再抱怨過。

看來，不抱怨是做好一切事情的基礎，尤其是身處逆境或現實不能達到自己滿意時，我們不能因一時的挫折和不公去抱怨他人或消沉自己，相反，我們要像托妮·莫里森那樣去冷靜的思考，從而理性地瞭解自己，掌握自己。

或許，在我們成長的過程中，我們不缺少成功的條件和成功的機遇，但是我們欠缺的是那種「大肚能容，容天下難容之事」的寬容氣魄和「咬定青山不放鬆」的執著精神。現實生活中，常常有人總是抱怨自己生不逢時，並且爲自己以往的碌碌無爲、老是不「走運」而感到懊悔，其實，他們沒有認識到，這種懊悔常常會給人帶來明天生活的壓力。如果一個人一味地抱怨、留戀過去，總是歎息、懊悔，或牢騷滿腹，那麼他只是在虛度今天的光陰，延續昨天的失敗。

導師評語

生活給予我們的東西是公平的，他不會多給你一點，亦不會少給你一分，只要我們坦然面對，你會發現生活真的是那麼的美好！朋友們，永遠都不要抱怨，保持樂觀的心態，美好的生活就在前方！

38. 正面看問題，世界真美好

生活是一杯香甜的醇酒，別放棄品嚐它的機會。你應該朝積極的一面去想，積極地思考，積極地去關注生活中一切美好的事物。任何問題都會有積極的一面，都包含著創造輝煌的機會。

如果你在工作中遭遇到了問題，不要立刻把它當成是壞事，或者忙不迭地把它推給上司或其他同事去解決。冷靜地判斷問題可能產生的影響。思考問題發生的原因以及以前是否出現過類似問題。研究導致問題的環境因素，弄清楚這些因素是如何隨著時間變化的。對問題有一個前瞻性的預測，看前景會向好的方向發展還是壞的方向發展。然後，多加思考，如何才能把問題轉變成一個積極的機會。

一次，美國新澤西州佩特森市的機械服務公司，發生了不銹鋼U型螺栓短缺的問題，因為它的供應商——位於新澤西州哈肯薩克市的法森奈爾公司，不能及時供貨。但法森奈爾公司的一名員工基思・格里夫斯，卻認為這是一個振奮人心的好消息，因為這可給了他一個嶄露頭角的機會。

次日凌晨二點，基思・格里夫斯駕車趕往位於賓夕法尼亞州斯克蘭頓市的輪軸中心，早上六點三十的時候，他運回了急需的不銹鋼U型螺栓。這一舉動令翹首以待的客戶喜出望外，接下來又促成了更多的生意。自那以後，機械服務公司一直是法森奈爾公司的忠誠客戶。

新西蘭的一個政府機構印刷了大量的小冊子，但不幸的是，小冊子上的一個政府免費電話號碼是錯誤的。

結果，當小冊子分發到全國各地後，錯誤電話號碼的所有者——克利爾通訊公司——遭到了公眾電話的狂轟濫炸。

公司的一名銷售人員靈機一動，將這個令公司苦不堪言的問題轉變成了一個機會。他打電話給這個政府機構，乾脆將那個錯誤的電話號碼賣給了它，此舉不僅僅解決了兩個組織的難題，而且從他人的錯誤中促成了一筆買賣。

人生總有無數挫折，伴隨著成長過程，總會遭遇很多的困境，這就是人生的真實寫照。在人生的轉折關頭，實際上應該如何去掌控，進而如何去應對，全憑自己。你可以把它當作是一種「挑戰」；或者，你也可以像大多數人一樣，把它當成困惑、危機、災難……

可以說，人生就是不幸的延續，不要失去對自己人生的控制權。人的一生中會有各種遭遇，或許自己每次都被打倒，卻不會被打敗。有許多人，受阻於成長中的障礙，便對所追求的事業心灰意冷。他們選擇了退縮，從此相信命運是殘酷的，逐漸地變成膽怯的人。其實，真正重要的，並不是人生中的突發事件，而是如何面對這些突發事件的態度和行爲。

導師評語

無論局面有多麼糟糕，你必須相信它仍然存在著好的一面。在消極的解決方案中尋找積極的因素。退後一步，或是把眼光放遠，從而看清局勢。總有那麼一些事情，無論有利的一面有多小，你只要能掌控它，它都能創造出最大的利益。

39. 接受既成的事實

「對必然之事，且輕重地加以承受。」這句老話已經是流傳已久。在這個充滿競爭的世界，今天的你比以往更需要這句話。願一切生命都敢於尋找最艱苦的環境。生命真的是要在最困厄的境遇中，才能發現自己，認識自己，從而才能錘煉自己，彰顯自己，最後完成自己，昇華自己。所以，既然你不能改變環境，就接受這份厄運的挑戰，結果或許會在你的堅強中改變。

在紐約市中心辦公大樓裡有一個開貨梯的人，與人不同的是，他的左手腕被砍斷了。一天，有人問他少了那隻手會不會覺得難過，他說：「不會，我根本就不會想到它，只有在要穿針引線的時候，才會想起這件事情來。」

在漫長的歲月裡，你一定會碰到一些令人不愉快的情況，它們既然是這樣，就不可能是那樣！

很顯然，環境本身並不能使我們快樂或不快樂，我們對週遭環境的反應才能決定我們的感受。必要的時候，我們都能忍受得住災難和悲劇，甚至戰勝他們。我們也許以爲自己辦不到，但是我們內在的力量卻堅強的驚人，只要加以利用，就能幫助我們克服一切困難！

但是這並不代表在碰到任何困難挫折的時候，都應該極力忍耐接受，那樣就成爲宿命論者了。不論哪一種情況，只要還有一點希望和挽救的機會，我們就要奮鬥。可是現實告訴我們，當事情不可避免也不可能再有任何轉機時，爲了保持我們的理智，就請不要「左顧右盼，無事自擾」了。在不得已的狀態下，人幾乎可以接受任何狀況，透過適當的調整，有選擇的遺忘，而且遺忘的速度驚人。

只要咬緊牙關，挺起胸膛，我們都能度過災難與悲劇，並最終戰勝它的。也許我們察覺不到，其實我們內心都有一股很強大的力量會幫助我們渡過災難。實際上，我們每個人都比自己想像的更堅強，因爲我們還有很多潛能可以挖掘。

是的，你只能接受不可避免的事實。我們有太多願望不能實現，失去了太多珍貴的東西，我們的旅途並非總是一帆風順，如果我們不接受現實，不接受命運的安排，同時又不能改變分毫事實，就會感到生活是多麼的痛苦。事實上，我們唯一能改變的，只有自己，調整自己的心態，平靜面對現實，生活才會充滿樂趣。

導師評語

沒有人能有足夠的情感和精力，既抗拒不可避免的事實，又能利用這些情感和精力去創造新的生活。你只能在這兩者中間選擇其一，你可以面對生活中那些不可避免的暴風雨，彎下自己的身子，你也可以自不量力地去抵抗而被摧折。在一切環境中保持抗干擾能力，冷靜地應對時間的千變萬化。

40. 發掘內在的積極因素

花草樹木，隨著氣候的變化而生長，但自己也可以爲自己創造適宜發展的空間和環境。要學會用自己的心靈彌補先天的不足。

如果以積極心態發揮自己的思想，並且相信成功是自己的權利的話，信心就會使你成就所有你所設定的明確目標。但是如果你接受了消極心態，滿腦子想的都是恐懼和挫折，並且怨天尤人的話，那麼你所得到的也都只是恐懼和失敗。

成爲積極或消極的人全在於你自己的選擇。沒有人與生俱來就會表現出好的態度或不好的態度，是你自己決定要以何種態度看待你的生活和人生。即使面臨各種困境，你仍然可以選擇用積極的態度去面對目前的挫折。

保持一顆積極進取、樂觀向上的心，盡量發覺你周圍人和事最好的一面，從中尋求積極的看法，讓你能有向前走的力量。即使終究還是失敗了，也能吸取教訓，運用於以後的人生中。

生活中不可能沒有失敗和挫折，但問題是，有的人一旦遇到失敗和挫折，就會喪失鬥志和勇氣；而有的人則能從失敗中吸取教訓，獲得經驗，並化爲一種前進的動力。這也是兩種不同心態者的差異。

美國聯合保險公司有一位名叫皮特的推銷員。一直夢想成為這個公司的頂尖推銷員。他努力應用他在勵志書籍和雜誌中所讀到的積極努力原則。

寒冬裡的一天，皮特在威斯康星州一個城市的街區中推銷，卻沒有達成任何一筆生意。當然，他對自己很不滿意。但他沒有氣餒，而是選擇了以積極的心態將這種不滿轉變為一種激勵的動力。

他記起他所讀過的書，決定應用那些原則。第二天，當準備出發時，他向同事們講述了前一天所遭遇的失敗，接著他說：「等著瞧吧！今天我將再次拜訪那些顧客，我將售出比你們售出的總和還要多的保險單。」結果他確實做到了，後來也因業績突出而被提升為銷售經理。

這的確是一個不平凡的成就，而這個成就是由厄運造成的。那時皮特在風雪中穿街過巷，跋涉了數個小時，卻沒有賣出一張保險單。可是皮特能夠把前一天在失敗的情況下，所感覺到的消極不滿在第二天就轉化成勵志性的不滿，並且取得成功。

在眾多成功者中，許多人都具有這樣的特點：他們常運用「積極心態」的力量。但大多數人總是盼望成功會以某種神秘莫測的方式不期而至，可是我們並不具有這樣的條件，即使我們確實具有這些條件，我們也許看不見它們。很明顯的東西往往反會被人視而不見。每一個人的積極心態就是他的優點，這並不是什麼神秘莫測的東西。

經歷對於成長中的每一個人來說，就像蠶繭，是羽化前必須經歷的階段，但是如果繭太厚，蠶就可能悶死在裡面，永遠不會化成蛾，而在那段日子裡尤爲重要的是你的心志。

導師評語

所以，凡事別氣餒，別抱怨，要學會自己給自己創造機會。只有積極的發掘你內在的因素，你才會發現更多、收穫更多。

41. 永遠樂觀向上

不管你對人生的態度如何豁達、認真、嚴謹，日常生活當中，總難免會遇到意想不到的失敗、挫折、誤解、中傷。

這個時候，自然會激起灰心、沮喪、怨恨等等情緒，對自己和別人感到厭惡。即使是沒有遭受過挫折，一直自我感覺幸福的人，偶爾也會被慾望、仇恨、謊言蒙蔽理智，陷入苦惱、憂愁的漩渦，燥鬱而迷茫地自問：「爲什麼會是這樣？」

「我再也不相信朋友了！」被最好的朋友算計的人，為人作保卻無辜負擔龐大債務的人這麼說。「我再也不相信男人了！」失戀的女人這麼說。失戀的男人也信誓旦旦地表示，不再相信女人，或者，不再相信愛情。在人生中受到一點挫折的人，往往只是因為一點點不順利，就會認為整個世界都在和他們作對。人們在腦中好像有一種叫做憎慨的細菌，只要吸收到一些腐敗的養料，它就會無限制地分裂繁殖，急於否定一切，讓自己隱身於絕望的深淵。

在人生、工作中載沉載浮，感到絕望，這多半是因為人們往往要的太多，付出得太少，心中有數不完的慾求。也就是不知足，不能客觀地看待自己和別人。因此，生活中我們應多以樂觀的心態來看待自己所面臨的事情，這樣一來，事情也許不會那麼糟，生活也許並不是一塌糊塗。能夠保持樂觀的心態去看待周圍的人和事，就能成功地除去束縛我們心靈的外殼，擺脫那些所謂的困惑和煩惱。

樂觀的人當然明白，人生不如意事十之八九，再怎麼努力，人們總是殊途同歸，什麼也帶不走；他們也會明白，人生是不快樂白不快樂，如果能精力充沛地生活，爲什麼一定要坐在陰暗的牆角，悲歎自己的命運，而且還連帶影響別人活下去的心情？

達到這種豁達的境界，你就不會因爲失敗、挫折而覺得自己渺小，不再因爲莫須有的批評、中傷、誹謗而自暴自棄，反而會比以前更加愛惜自己，更有勇氣和自信去面對生活。

伊麗莎白庫伯勒醫師，她一生都在幫助癌末的病患，也使得「安寧醫護」受到今日的醫界重視，讓人們在生老病死的循環中都能夠擁有尊嚴。晚年，她還執行收養愛滋病嬰兒的計劃。

為世界做得如此多的她，卻沒有得到應有的回報。其他醫師們排擠她；她因為過度熱心服務而賠掉了自己的婚姻和健康；附近的居民甚至一把火燒了她的房子，以防止她繼續做「危險的善事」。她當然也詛咒過這個世界的無知與無情，灰心到了極點，但她總是選擇繼續勇敢地走下去，沒有因為「一小撮」的不義者而怨天尤人，改變自己的人生道路。

療傷止痛才是對自己的厚道，繼續徘徊不過是加深痛苦。在生活中，我們總會發現，抱怨最多的人，往往也是爲別人找最多麻煩的人。從來沒有人因爲抱怨世界而感到發自內心的快樂。雖然有時抱怨很有效，它能讓你從痛苦中暫時抽身，但安慰的作用，只不過是逃避選擇。

導師評語

如果選擇讓自己沮喪失望，不如往好處想，慢慢地開始往前走。如果你決心做一個有趣的人，生活就不會那麼無趣。在面對艱難挑戰時，如果你有勇氣，世界不會吝於將生命中最豐盈的感受回報給你。

訂正

當你懷疑自己的時候，你已走向失敗

一百個滿懷信心和決心的人，要比一萬個

謹小慎微的和可敬的可尊重的人強得多。

——辛克萊

42. 自信＋努力＝成功

今天，一個非常讓人失望的事實是，有太多太多的人不相信自己能夠成功，反而質疑自己是否具有成功的能力，對於自己的一事無成，他們常常能找到各種藉口、理由來搪塞。在很多人身上，我們看不到一點渴望追求成功的影子，相反的，他們給人的印象倒像是某種力量的受害者。

相信自己，這是人生首先要做到的一件大事。一個不相信自己的人，不可能實現自己身上蘊藏的巨大潛能；而一旦相信了自己，相信自己身上蘊藏的能量，你必將取得成功。

人並不是一種單純的存在。你應當抓住、應當充分利用自己生命中的每一個時刻。你身上蘊藏著無窮無盡的能量，可以幫助你實現友愛、和諧、歡樂、偉大和寧靜。

那些最幸福、最有成就、最有創造力的人，都是眾人學習的楷模。但他們之中很多人，因爲他們之前沒有倣傚的榜樣，所以都是自己摸索起步的，而今天事實上已經有了一切的便利，可以幫助我們去達到他們當初的成就。

你完全擁有足夠的能力，所需要的只是去相信自己，成爲自己生活的主人，而不是讓他人代替你決定。要相信自己，人生的態度可以更積極，身體可以更健康，生活可以擁有更多的友愛，前景可以更加的光明，相信一切都可以借助自己的力量實現。生活中出現的每次經歷，要當作學習、進步的好機會，而不是讓自己恐懼、擔心。

成功不是運氣，不取決於過去，也不取決於朋友的幫忙，它需要的是勤奮而有效率的工作，需要尊重別人，從工作中感到樂趣。我們身上都蘊藏著難以置信的潛能，我們所要做的，只是要意識到它，把它召喚出來。

也許朋友、家人、或許還有媒體會告訴你，你有這樣或那樣的限制，這妨礙了你成爲一個超級明星，只能過普通人的生活，不要相信他們。你需要的，只是對未來的抱負，是熱情、正直和自信，有了這一切，你完全可以成爲明星人物。

我們身上的潛能是無限的，我們完全可以做到自己想做的一切。首先需要你有怎樣的願望，然後，需要一些最基本的技能，那麼，只要你願意去努力，能夠堅持，你就可以成功。

不要擔心給自己設定的目標過高，你需要的是信心，是相信自己有能力實現自己的願望；只要你下定決心完善自己的生活，沒有什麼能夠阻止你。

想像自己的潛能已經全部得到發揮的情景，想像自己的成功。你之所以爲你，就是因爲你的所思所想，所以，只要你多想想自己的成功，最終它就會來臨。

很多人總是根據自己過去的表現來判斷自己，給自己貼上各種標籤。他們認爲自己不可能成功，並給自己尋找各種理由，比如，說自己太內向，能力有限，或者，教育水準太低。總之，可以列出一長串的藉口。

然而，過去並不能說明我們的現在，它一旦過去就不在對我們有意義。你完全能夠做你自己想成爲的人。

你當然不會明天一覺醒過來，馬上發現成功已經來到床前向你打招呼。成功需要持續不斷地努力，需要堅持，需要你放棄那些爲自己尋找的各種藉口，集中精力去實現目標。

導師評語

相信自己，努力追求，最終你的潛能一定能夠得到發揮。

43. 別忘了隨時為自己鼓掌

每個人都希望能得到別人的鼓勵。日本有句格言：「如果給豬戴高帽，豬也會爬樹。」這話聽起來似乎不雅，但說明了這樣的一個道理：當一個人的才能得到他人的認可、讚揚和鼓勵的時候，他就會產生一種發揮更大才能的慾望和力量。

但是，光靠別人的讚揚還不夠——因爲生活不光是讚揚，你碰到更多的可能是責難、譏諷嘲笑。在這時候，你一定要學會從自我激勵中激發自信心，學會自己給自己鼓掌。

朱健進入職場後，他愛上了「小發明」，一下班，常常一頭鑽進自己的房間，看哪，寫呀，試驗呀，常常連飯也忘了吃。為此，全家人都對他有意見。媽媽整天絮絮叨叨的沒完沒了罵他「是個油瓶倒了都不扶的懶鬼」，「將來連個媳婦都找不到」；他大哥就更過分了，一看到他寫寫畫畫就火大，甚至拍著胸脯發誓：「這輩子，你要能搞出一個發明來，我的頭朝下走……」

值得讚歎的是，朱健在這種難堪的境遇中，始終不洩氣，不自卑，而且經常自我鼓勵。報紙上每登出有關他的「創新成果」，哪怕只有一個「豆腐塊」、「火柴盒」那麼大，他都要高興地細細品味，然後把這些介紹精心地剪貼起來，一有空閒就翻出來自我欣賞一番。

在自己給自己的掌聲中，朱健試驗成功的「小發明」慢慢多起來，「級別」也慢慢高起來了。幾年後，他的「小發明」竟然在世界上獲得了大獎。

給自己鼓掌的做法，促使了朱健的成功。

導師評語

要會給自己鼓掌，透過讚美自己的一次次微小的成功，來不斷增強你奮力向上的信心，從而獲得成功。

44. 命運的鑰匙掌握在自己手中

美國的一位心理學家說過：「不會讚美自己的成功，人就激發不起向上的願望。」是的，別小看這種「自我讚美」，它往往能給你帶來歡樂和信心，信心增強了，又會鼓勵你獲得更大的成功，自信心也就會再度增強。試想，當初朱健要是不會「給自己鼓掌」，一聽到「你要是……我就……」之類的譏笑，就垂頭喪氣，就看不到燦爛的前景，哪裡還會有今天的成功呢？

在現實生活中，有些人缺乏信心，總是期望得到別人的掌聲。一個成功人士說：「別在乎別人對你的評價，否則，反而會成爲你的包袱，我從不害怕自己得不到別人的喝彩，因爲我會隨時爲自己鼓掌。」

自信，是爲自己喝彩的最佳方式。如果說爲他人喝彩是一種鼓勵、一次獎賞的話，那麼爲自己喝彩則是一種自信、一次運籌。

工作和生活中任誰都會遇到艱難坎坷、曲折磨難、痛苦彷徨、失意迷茫，甚至於失敗，但這些都不可怕，可怕的是自己否定自己，自己打倒自己，自己摧毀自己！必須堅信，命運的鑰匙永遠掌握在自己手中，而如何靈活地使用這把鑰匙開啓那扇成功的大門，除了執著的追求外，信念至關重要。當我們跌倒時，應該立即爬起來，撣撣身上的塵土，爲自己鼓勵，爲自己喊一聲：「加油！」當我們獲得一次微小的成功之後，應該敢於驕傲地對自己說：「我真棒！」每當困難來臨時，會自己給自己打氣，用信念滋養勇氣；當失敗來臨時，會自己給自己鼓勵，總結經驗尋找新的挑戰；而當時機來臨時，學會爲自己壯膽，用知識和智慧，寫下新的業績。

能爲自己喝彩的人一定是強者，因爲他敢於接受任何挑戰，自強不息，正是這種喝彩給了他們源源不斷的動力，無悔地追求自己的理想，最終實現自己的目標。

導師評語

唐代詩人李白在《將進酒》中寫到：「天生我才必有用，千金散盡還復來。」字字展現著無比的自信。堅信自己的價值，學會為自己喝彩，才會擁有一個精彩的有意義的人生。

45. 自己最好的朋友就是自己

除了自己，沒有任何人可以使你沮喪消沉。

你是否曾經覺得自己就是自己最大的敵人？許多人都有這樣的經驗，不論做什麼事，結果往往不能如願。出了問題，也只好責怪自己。但是，正如你是自己最大的敵人一樣，你也可能成爲自己最好的朋友。當你瞭解到世間唯一左右你成敗的人就是你自己時，那麼，你就能「化敵爲友」，做自己最好的朋友。

當你具備了某種品德，能接納自己，心靈變得成熟起來，你就會欣喜地發現你已經成爲自己最好的朋友了。確定一個長遠的目標，並著手培養自己的能力，修正自己的錯誤。當你開始行動時，你就會瞭解到真正支持你邁向成功之路的人，正是你自己。

歐洲有句名言：「一個人的思想決定他的爲人。」此語概括了人生的全部內容，道盡人間百態。人內心的想法可以透過其行爲不折不扣地反映出來，所有思想都彙集在一起，便形成了其獨特而豐富的人格。

如同沒有種子的發芽就沒有禾苗的茁壯成長一樣，人們外在的言行舉止都是由內心隱藏的思想種子萌發而來——無論是自然行爲，還是人類刻意爲之，這一點都毫無例外。

如果說行爲是思想綻放的花朵，那麼快樂與痛苦就刻意被看做是思想結下的果實。思想造就出個性，一年之間往往決定一生的命運。如果人心包藏歪念，痛苦就會接踵而至，猶如車輪碾過一樣；如果心誠意正，快樂便如影相隨，永遠陪伴左右。

有一個潦倒落魄的人，非常想使自己糟糕的處境有所改變，然而在工作上卻偷奸耍滑，應付了事。他認為自己的薪水太少，在工作上偷懶是應該的。這樣的人並不懂得改變處境的方法，他的懶惰、自欺欺人的想法，不僅無法擺脫貧窮，而且還會使自己深陷於更加困苦之中。

這個故事說明這樣的道理：自身是造成所處環境的原因(雖然人們平時並沒有意識到)。一些人一方面展望美好的人生目標，另一個方面卻不斷抱怨自身的處境，將所有原因全部歸咎於他人，因此失敗的例子比比皆是。人只有真正懂得思想的巨大作用，環境就不會成爲失敗的藉口了。

對工作的態度一旦改變，工作的處境也會隨之改變。增強信念，豐富自己的知識，讓自己置身於更富有挑戰性的環境中，就能獲得更多的機會。一定要記住什麼事情都要努力去做。千萬不要以爲可以腳踏兩條船，將所有的表揚估盡，因爲這樣做即使取得了成功，也必定是短暫的，很快就會失去。

導師評語

如同學生必須先掌握一門功課，才能接著學習下一門課程一樣，在擁有你夢寐以求的豐碩成果之前，你需要先充分發揮你的能力。因為如果濫用、忽略或低估自己的能力，即使天賦的能力再強，也會慢慢減弱，因為我們的所作所為不配擁有這樣的能力。

46. 自信產生創造力

堅定的信念，絕對的信心，是一種能繁榮、產生與完成事業的創造力；而疑惑則無所不在的使其破壞、消滅、摧毀。

堅強的自信能使人排除分心的動機，從而增加集中精神的力量，使人穩定地向前邁進，不會由於左右瞻顧而分散了精力。世上所有的發明家、改革家和卓越的將領，無不具有這種不屈服的堅定自信。如果我們分析一下失敗者之所以失敗的緣故，就會發現其中大多數都是由於自信心薄弱，缺少像成功者具有的那種堅實的信心。雖然我們難以看到造物主交付給那些注定要成就偉大事業的人手中的密緘，然而在事實上，一個人若有著不可屈服的信仰，已足見他有自信完成大事的能力，而作爲一項良好的明證。造物主絕不會只賦予了我們信心，而不把取得成就的能力賜給我們，來玩弄我們。

永遠不要允許你自己，或是任何其他的人，來動搖你本身的自信，和摧毀你的自信。因爲這是一切偉大事業的成功基礎。你若在這方面有所喪失，你整個能力的組織也就瓦解了。對你自己不能搖撼的無窮信心加以信賴，這在所有偉大的事業上，是尤其需要的。

自信，能排除掉多數人成功的仇敵——畏懼、疑惑、猶豫，幫助了許多卑微的人達到了他們的目的。心中存有疑慮，人就不能有生氣蓬勃的舉止和行動。心靈一旦有所動搖，行動起來也不能踏實，必須心有所主，才可以言效能。一些並無多大學識的人，由於信任自己能夠完成他所擔任的工作，而在效果的表現上，常使受過高深教育的人士自愧弗如。後者的飽學過度，雖增加了他的視野，也增加了他的神經過敏，反而減低了自信，由於時常想到相反的學說理論，以至判斷力大爲削弱，而失去了定見，常會被別人影響說服。

有些學識適中的人，卻有非常的自信和堅定的決斷，不大會受情緒影響，遭遇不到那些有教化而善感的心所受的痛苦。這種人的腦力由於未被一些他不知道的學說理論削弱，也就不會顧慮一般學問高深者所躊躇的地方，往往能夠勇往直前，衝向成功的彼岸。

自信心的減損和畏怯的增加，可以說是開放教育造成的不幸結果之一，常見一些進入大學校門的青年原有成功立業的無限自信與堅強的決斷力，而到了畢業時，這些特質幾乎消失殆盡，它們已被漸漸滋生的膽怯與萎縮所取代，嚴重影響他的行爲能力，從而對事不能積極主動，更別談堅決執行了。

事實上，許多卓越的學者，也都是隱退、萎縮、膽怯，且幾乎全然缺少行動能力的人。這些人的決斷能力也已不復存在，代之而起的則是自我的否定。在某些情形下，謙遜、忍讓、寬容，固是有其必要的學者氣質，但它們如果不附屬於強而有力的自信與進取的果斷時，實爲一種非常的不幸。這些使人仰慕的氣質固屬可愛，使學者們更平易近人而人亦樂於與之親近，但也使他們更加無法腳踏實地，也更加不易在實際上有所作爲。

導師評語

所以，你若想成功，無論如何必須確實保持著你那進取、篤行的能力，否則你的前途就會受到許多牽制和羈絆，你也將瞻前顧後無所適從了。

47. 做自己的主宰

一個人成功與否掌握在自己的手中。思想既可以作爲武器，摧毀自己，也能作爲利器，開創一片無限快樂、堅定與平和的新天地。

人只要選擇正確的思想並且堅持不懈，就能達到完美的境地；如果滿腦子邪思歪念，則只能淪爲禽獸之輩。在這兩極中間，存在著各種不同個性的人，每個人都是自己人格的創造者與生命的主宰。

有一天，上帝來到人間。遇到一個智者，正在鑽研人生的問題。上帝敲了敲門，走到智者的跟前說：「我也為人生感到困惑，我們能一起探討探討嗎？」

智者說：「我越是研究，就越是覺得人類是一個奇怪的動物。他們有時候非常善用理智，有時候卻非常的不明智，而且往往在大的方面迷失了理智。」

上帝感慨的說：「這個我也有同感。他們厭倦童年的美好時光，急著成熟，但長大了，又渴望返老還童；他們健康的時候，不知道珍惜健康，往往犧牲健康來換取財富，然後又犧牲財富來換取健康；他們對未來充滿焦慮，但卻往往忽略現在，又沒有生活在未來之中……」

智者靜靜地聽著，然後他要求上帝對人生提出自己的忠告。上帝從衣袖中拿出一張紙，上面只有這麼幾行字：你應該知道，你不可能取悅所有的人；最重要的不是去擁有什麼東西，而是去做什麼樣的人和擁有什麼樣的朋友；富有並不在於金錢最多，而是在於貪慾最少；傷害一個人只要幾秒鐘，但是治療它卻要很長的時光；寬恕別人和得到別人的寬恕還是不夠的，有時人也應學會寬恕自己；你所愛的如果是一朵玫瑰，那你不要極力地把他的刺除掉，你需要做的就是不要被他的刺刺傷，自己也不要傷害到心愛的人；尤其重要的是：學會珍惜，因為很多事情錯過了就沒有了。

智者看完了這些文字，激動的說：「只有上帝才能……」抬頭一看，上帝已經走得無影無蹤了，只是周圍還飄著一句話：「對每個生命來說，最最重要的便是：只有自己才是自己的上帝，只有自己才是自己的主宰。」

作爲思想的主人，人們擁有力量、才智與愛，掌握一把能夠應對任何處境的鑰匙。人擁有的這把鑰匙本身有著一種能蛻變和再生的裝置，並藉此實現人們的願望。

即使處於一種十分悲慘的境遇，人們仍然能夠主宰自己——即便在這種情況下，他是一個不能正確支配自己的愚蠢者。如果他能開始反思自己所處的境況，並努力地尋找種種人生處事道理的話，就能脫胎換骨，成為能夠巧妙引導能力與思想直至獲得成功的智者。

人只有觀察到其內在的思想規則，才能成為如此「明智」的主宰，而這需要專注、自我分析與經驗的功夫。

導師評語

許多人會主動改善自己所處的環境，卻沒有想到要完善自我，於是他們的環境仍然沒有改變。那些勇於接受命運考驗的人，總是實現自己心中的目標，這個道理放之四海皆准。即使人生唯一的目標就是獲得財富，也必須付出很多，那麼試想，成功的人生又要準備做出多大的犧牲呢？

48. 信任自己的目標

ㄒㄧㄣˋ ㄖㄣˋ ㄗˋ ㄐㄧˇ ㄉㄜ˙ ㄇㄨˋ ㄅㄧㄠ

重建生命境界的第一步就是要信任自己的目標。越相信目標的人，越容易成功。當你的目標日漸明確之後，你就可以勇敢的前進，同時果斷的採取行動。

麥克阿瑟將軍就有這種信心。自從他向菲律賓人發表告別詞「我一定會回來」那一天起，就一心一意要實現他的這個諾言，他的信心從未改變。在新幾內亞的每一場戰爭，對拉保爾的每一次空襲，這些都是收回菲律賓的前奏。

即使一位普通的汽車技工，如果能滿懷熱情，富有信心地把工作做得乾淨利落，那麼他也展現了自己的價值。他對自己工作的信心將協助他保持鎮靜，度過各種難關。

你可以幫助你自己，只要你能在腦中回想起你最佳的時刻，描繪出使你感到幸福與成功的一切情況與細節。把注意力集中在這些意念上，將使你在這段時間內獲得心靈的平衡，也將協助你建立你的自我信念。

你也許會想：「我一生從未有過重大成就——任何成就也沒有。」沒錯，但是你並不是要上台在幾千人面前演出。你只不過要在你腦中的舞台演出——一遍又一遍地演出——直到你把最成功的情景付諸實現爲止。

你用不著希望成爲一名演員或什麼大人物，你只需保持自己的本來面目就行了，同時很理智地在你的能力範圍之內採取行動，從你的經驗銀行中提出珍貴無比的經驗財富——這家銀行一向是連本帶利付款給客戶的。

你一旦定下目標，回想起往日成功情景，並且也準備接受你的人性弱點，那麼你將在危機中感受到你的力量，你將發覺自己有足夠的能力來處理危機。

你內心擁有的強大力量，將協助你應付緊急情況。只要你全心全意下定決心獲得成功，只要你定下你的目標，就可以動用這些力量。

你的成功功能已準備協助你去獲得成功，只要你已經給了這個成功機器一個明確的目標。這個目標最好是以心理影像的方式表現出來的，因爲這就等於開動了這個自動的追求成功的機器。它將幫助你走上成功之路。這裡有一個相信自己的目標終將獲得成功的生動例子：

俄國女皇葉卡特琳娜二世是俄國歷史上頗有作為的女皇，繼彼得大帝之後唯一被授權大帝的女皇。這位德國公主，打通了黑海出海口，使俄國版圖從一萬零六百四十二平方公里，擴大到一萬七千零五平方公里，整整增加了六千三百六十三平方公里。是什麼力量驅使這個纖弱美麗的女人成就如此的偉業呢？是目標。她為自己樹立了前進的目標：「要是我能活上二百歲，整個歐洲必將置於我的統治之下。」

目標不是約束，目標也不是羈絆，目標是引導你前進的指明燈。在這個世界上只有你自己才能阻止你實現夢想，也只有你自己才能幫助你實現夢想。你現在就需要爲自己設定的目標行動起來，並朝向這個目標不懈地努力。

導師評語

無論如何，信任你的目標是你為成功邁出的第一步，在前進的道路上，要隨時告誡自己：即使有移山填海之難，也要努力去達到。

49. 自信能創造奇跡

ㄗˋ ㄒㄧㄣˋ ㄋㄥˊ ㄔㄨㄤˋ ㄗㄠˋ ㄑㄧˊ ㄐㄧ

堅決的信心，能使平凡的人，做出驚人的事業。膽怯和意志不堅定的人，雖具有絕大的才幹，優美的天資，高尚的性格，終難能有偉大事業的成就。

一個人的成就絕不會高於他的自信所能達到的高度。如果拿破崙在帶領著軍隊越過阿爾卑斯山的時候，只是坐著說：「這件事太困難了！」無疑的，他們永遠不會越過那座高山。所以無論做什麼事，堅定不移的自信，是達到成功之途最重要的因素。

一條流動的溪流，發自高地的源泉。堅定的自信，便是偉大成功的源泉。不論才幹多麼大天資多麼好，你的成功，取決於你堅定的自信。相信能夠做成的事，一定能夠成功，反之，不相信能做成的事，那就絕不會成功。

拿破崙親率軍隊作戰時，有一次，一個士兵騎著馬，送信去給拿破崙，因為走得太快，在他還沒有到達目的地之前，猛跌一跤，那馬就此一命嗚呼。拿破崙收到了信，立刻寫封回信，交給那個士兵，吩咐他騎自己的馬，從速把回信送去。那個士兵看那匹雄偉的駿馬，身上裝飾得那麼華美，便向拿破崙說道：「不，將軍，我一個平庸的兵士，實在不配騎這華美雄偉的駿馬。」拿破崙回答道：「世上沒有一樣東西，是法國士兵所不配享有的。」

據說之後那支軍隊的戰鬥力，便增強了一倍。原來軍隊的戰鬥力一半基於士兵們對於統帥的信心。統帥如果抱著懷疑猶豫的態度，全軍便要紛亂。拿破崙的自信堅強，使他的每個士兵的信仰增加一倍。

世界上充滿著故事中那個法國士兵一樣的人！他們以爲自己的地位太低微，那些富貴之人所有的珍品，不配他們所享有，這種自卑自賤的觀念，便是不求上進自甘墮落的主因。有許多人這樣想，世界上最好的東西，不是他們這一世所能擁有的。他們以爲生活上的一切快樂，是保留著給那些有佳運的人所享受。他們有了這種卑賤的心念，當然不會有出人頭地的希望。許多青年男女，他們本可做大事，立大業，但是竟做著小事小業，過著平庸的生活，那是由於他們的自暴自棄，沒有懷著遠大的志向和堅定的自信。

自信是你從事任何事業最好的資本。它能克服許多的困難，它能排除種種的阻礙，它能使你所做的事業，獲得美滿的成功。

有位哲人說：「如果我是塊泥土，那麼我這塊泥土，也要預備給勇敢的人來踐踏。」

如果你在表情上和行爲上隨時表現著卑賤，如果你在每件事情上表現出不信任自己，不尊敬自己，那麼人家輕視你，你當然也不能責備他們。

導師評語

創造者給予你極大鼓勵的力量，叫你做偉大的事業，使你有極大的成就，潛在你的腦海裡，有永遠不滅的目的，有神聖偉大的計劃。如果你不盡你的本分，在最可能的時候，不把你的本領盡量表現出來，那麼世界上便喪失了一樣新事業，世界上層出不窮的新事業，正等待你去努力創造呢！

50. 養成自信的習慣

ㄧㄤˇ ㄔㄥˊ ㄗˋ ㄒㄧㄣˋ ˙ㄉㄜ ㄒㄧˊ ㄍㄨㄢˋ

習慣是從環境中培養出來的，當你一再重複做相同的事，想相同的問題，或重複說相同的話時，習慣就慢慢養成了。習慣也許可以比作是唱片上的溝槽，而人類的思想就像是唱針，可以套入這些溝槽中。當任何習慣經由思想或行動的一再重複而完全形成之後，人類的意志就會自行傾向於遵循那個習慣的路線，如果唱針循著唱片的溝槽轉動前進，就絲毫不會出錯。

當你把視覺、聽覺、嗅覺、味覺和觸覺五種感覺中的一種或幾種，一再導向某一特定方向，就會形成習慣定勢。在某種習慣已經根深蒂固的建立起來以後，這種習慣將會自動控制和指引我們的行動，這時我們也許會發現，某種思想可以轉變成為培養自信心的一項有利因素。這個思想就是，自動將你的行動與思想沿著自己所渴望的路線進行，一直到你已形成一種習慣，而這個習慣將控制你，自動地繼續把你的行動沿相同的路線發展下去，必要時也可以強迫自己如此。

將確立自信心的目標及方法記下來並重複聯繫，其目的就是使你形成一種習慣，把對自己的信任變成你意識中最重要的思想，一旦這種習慣養成的時候，這個思想將會完全深植在你的潛意識之中。

你學會寫字的過程，就是一再引導你的手臂和手上的肌肉去描繪這些線條的習慣。現在你可以輕鬆而快速的寫字，不必再緩慢的描畫每一個字母。這表示你已經形成了一種寫字的習慣。

威斯康星州的米洛瓊斯，幾年前因為中風而半身不遂。情況極為嚴重，他不但在床上無法自己翻身，甚至無法移動自己身上的任何一處。他的身體已經一點用處也沒有了，但他的頭腦卻完全正常。所以他的頭腦從此要發揮最大的功用了。瓊斯先生雖仰臥在床上卻設定了一個「明確的目標」。這個目標平凡、簡單，卻很明確，而且那真是一個目標，是他以前所不知道的。

他那「明確的目標」就是要製造豬肉香腸。他把家人叫到眼前，將計劃告訴他們，並開始指揮他們按照計劃行動。瓊斯先生除了健全的頭腦和堅定的自信心之外，沒有任何對他有利的幫手，他卻使得「小豬香腸」的品牌和聲譽遍及全美各地，並為自己集聚了巨大的財富。這一切成就都是在他癱瘓、無法用手工作之後取得的。

習慣可以控制你的意志，同樣也會影響你的身體，你也可以借助習慣的力量，學會運用「自信心」。你一再向自己訴說的任何聲明，或是你經由重複聲明而深深埋植在你思想中的任何慾望，最終將透過你外在的身體行爲表現出來。習慣是「自信心」所建立的基礎。

對於那些在你內心深處冬眠的可能性，你並不十分瞭解，但他們可能正等著智慧之手去喚醒。你對這些可能性將永遠不會有太多的認識，除非你培養出足夠的自信心，使你超越眼前平凡環境的束縛。

導師評語

人類的思想就像花瓣一樣，總是連續不斷的開放，直到它完全盛開。所謂完全盛開究竟開到什麼程度，何處達到盡頭或是否真的完全結束了，這些都是無法回答的問題。但開放程度的不同決定於個人的天性，以及他對工作的投入程度。一個人若是每天都進行分析性思考，將不斷的獲得啟發，從而發掘出更大的能力。

20幾歲，一次到位

「人生是沒有意義的，你要為之確立一個意義。」

我們從小就被家長灌輸過人生意義的答案。在此後漫長的歲月裡，老師和各種類型的教育，也都不斷地向我們灌輸人生意義的補充版。但是有多少人把這種外在的框架，當成了自己內在的目標，並為之下定了奮鬥終生的決心？」

他們的故事：名人成長勵志故事

古今中外，許多成功者都曾從勵志故事中獲得人生啟示，激發無限潛能。

本書精選在各個領域中成就非凡、影響深遠的世界名人，以生動的故事形式講述他們的成長歷程。透過他們成長過程中發生的故事，展現出在人生奮鬥的長河中所需要掌握的各種智慧和能力。

老師根本不會教的50件事

一步一步來是做生意的訣竅，但不是交朋友的訣竅；做生意時沒有友誼，交 朋友時也不應該做生意。 ——萊辛

情商專家研究指出，一個人事業的成功，只有百分之十五是靠智商，另外的百分之八十五是靠情商，而情商的重要方面就是人際關係能力、合作意識和團隊精神。

獨一無二的超強魅力氣場人脈掌控術

你可以超越愛因斯坦！

把握人脈網撲朔迷離現象背後的密碼！

有的人脈高手會告訴你一個道理：你的命運掌握在別人手裡。其實，這句話後面還隱藏著另一句話：當你學會運用氣場來影響他人時，你的命運就掌握在自己手裡，你就是自己真正的命運之神。

讀者回函卡

■ 謝謝您購買本書，請詳細填寫本卡各欄，對折黏貼並寄回，可享有購書會員優惠，並可不定期收到本出版社之最新資訊。

■ 欲知本書e-book・線上學習單・投稿
詳情請上網站 www.foreverbooks.com.tw

◆ 姓名： □男 □女 □單身 □已婚

◆ 生日： □非會員 □已是會員

◆ E-Mail： 電話：（ ）

◆ 地址：

◆ 學歷：□高中及以下 □專科或大學 □研究所以上 □其他

◆ 職業：□學生 □資訊 □製造 □行銷 □服務 □金融
□傳播 □公教 □軍警 □自由 □家管 □其他

◆ 閱讀嗜好：□兩性 □心理 □勵志 □傳記 □文學 □健康
□財經 □企管 □行銷 □休閒 □小說 □其他

◆ 您平均一年購書：□ 5本以下 □ 5～10本 □ 10～20本
□ 20～30本以下 □ 30本以上

◆ 購買此書的金額：

◆ 購自： 市(縣)
□連鎖書店 □一般書局 □量販店 □超商 □書展
□郵購 □網路訂購 □其他

◆ 您購買此書的原因：□書名 □作者 □內容 □封面
□版面設計 □其他

◆ 建議改進：□內容 □封面 □版面設計 □其他
您的建議：

剪下後請寄回「22103新北市汐止區大同路三段194號9樓之1讀品文化收」

廣　告　回　信
基隆郵局登記證
基隆廣字第 55 號

2 2 1-0 3

新北市汐止區大同路三段 194 號 9 樓之 1

讀品文化事業有限公司　收

電話/(02)8647-3663　傳真/(02)8647-3660
劃撥帳號/18669219　永續圖書有限公司

請沿此虛線對折免貼郵票，以膠帶黏貼後寄回，謝謝！

讀好書品嘗人生的美味

課本根本沒有寫的50件事